世界インフレの謎

渡辺 努

講談社現代新書

2679

構成／日野秀規

目次

第1章　なぜ世界はインフレになったのか

――大きな誤解と2つの謎

1・世界インフレの逆襲

「低インフレ化」していた世界――リーマンショック後の「歴史的転換」

世界がインフレに見舞われるというのは、実に久しぶりの出来事です。インフレ、つまり物価が上がり、経済活動や私たちの生活にダメージを与えてしまうことは、局所的にはこれまでも各地で起こっていました。ですが、米欧の主要な先進国で軒並み8～9％もの高い水準の物価上昇が起こるということは、近年あまりなかった事態です。

むしろ、2000年代後半から最近までは、インフレ率（物価上昇率。物価が上がるスピード）が「低すぎる」ことが各国で問題視されていました。とりわけ日本は「デフレ」（インフレの逆、物価がなかなか上がらない、あるいは下がってしまうこと）に見舞われていて、その脱却が課題となっていました（このことは第4章であらためて詳しく述べます）。

世界が低インフレとなったきっかけは、2008年に起こったリーマンショックです。この世界金融危機のことを読者のみなさんは、覚えておられるでしょうか。リーマン・ブラザーズという世界最大級の金融機関が突如として経営破綻をしてしまい、それをきっかけとして世界的な株価下落、金融不安、そして不況が発生したのです。

リーマンショックは、1929年から30年代に世界を襲った「大恐慌」以来とも言われる経済危機でした。その発火点である米国はもちろん、日本も深刻な不況におちいりました。非正規雇用者の解雇が問題となり、東京の日比谷公園に困窮者を支援する「年越し派遣村」が作られた、といったニュースを思い出される方も少なくないでしょう。

こうした金融危機のようなショックにより経済活動が停滞、つまり不況になってしまったとき、どうすればよいでしょうか。ここで中央銀行というものが、大きな役割を果たすことになります。中央銀行とは、日本銀行や米国のFed（連邦準備制度＝米国の中央銀行）など、世界各国で通貨や金融の機能をコントロールする機関です。

中央銀行は、不況になると金利をすみやかに引き下げて、景気を刺激します。金利が下がればおカネが借りやすくなり、その結果としてモノやサービスを買ったり投資をしたりといった経済活動が活発になることが期待されます。そうして経済活動が活発になると、モノやサービスへの需要が高まるので物価が上がりはじめます。そして、これが行きすぎるとインフレとなってしまいます。中央銀行は物価上昇が適正になるように金利を調整するなど、さまざまな政策手段によってコントロールに努める、というのがそれまでの常識でした。

そもそも当時の常識では、インフレ率というのは放っておくと高くなりすぎるのが当たり前でした。そして中央銀行は「物価の安定」という使命を担っており、彼らのもっぱらの関心事は「高くなりすぎた」インフレ率を落ち着かせることにありました。

ところが、リーマンショックから経済が立ち直っても、いま述べたような従来の常識に反して、インフレ率はなかなか上がらないことが続きました。世界はなぜか「低インフレ化」、物価があまり上がらないことが常態化してしまったのです。

世界経済を変えた3つの要因

世界の先進国では低インフレがさらに悪化して日本のように長期にわたるデフレに突入してしまうことが懸念されるようになりました。同時多発的な低インフレ化は、「日本化(ジャパニフィケーション)」と呼ばれ、先進国の中央銀行がこぞって「日本のようにならないようにしよう」と、低インフレに抗うような金融政策をさまざまなかたちで実施したのです。

ですがそれでも、先進国のインフレ率は十分な水準まで高まることはありませんでした。

リーマンショック後に襲来した世界的低インフレの要因として、以下の3つの点が挙げられています。

まず1つ目がグローバリゼーション(グローバル化)です。世界中に貿易の網が張りめぐらされ、企業は少しでも安く生産できる場所を求めて生産拠点をグローバルに移動させていきます。そういう動きに乗り遅れた企業が少々高めの価格設定を行ったり、原価の上昇を価格に転嫁したりすると、ただちに他国・他社の製品にとってかわられてしまいます。こうなると製品の価格はきわめて上がりにくくなります。

2つ目が少子高齢化です。少子高齢化が進むと将来の働き手が減ります。働き手の減少は将来の生産（GDP）、そして将来の所得の減少を意味します。将来の所得が減るとなると、人々はその時に備えていまから貯蓄をしなければならないと考え、そのために現在の消費を減らすという行動に出ます。これがインフレ率の下押し圧力となります。

3つ目が、技術革新の頭打ちと、生産性の伸びが停滞していることです。情報通信技術やバイオテクノロジーなど革新が目覚ましい分野もありますが、経済全体として見ると、生産性は思ったほどは伸びていません。そのためGDPの伸びも鈍く、低インフレとなります。

これらの要因はどれも、各国経済の構造、つまり、それぞれの国が抱える人口動態や地理的条件、行政や政治のシステムなどのような、経済活動に影響を与える社会の基礎的な条件と深く関わるものです。数四半期や数年で簡単に変えられるものではありません。中央銀行がそうした構造そのものを変えることは無論できませんし、仮に政府の政策で変えようとしても、たとえば少子高齢化を改善に導くには、非常に粘り強い対応が必要となります。ですから、こうした構造的問題は一朝一夕に克服できません。

そうしたことから、2000年代後半からの低インフレは一過性のものではなく、これからも長く続くという考えが、次第に広がっていきました。

「低インフレ」と闘う世界を襲った突然のインフレ

ノーベル経済学賞を受賞した、米国のマクロ経済学者であるトーマス・サージェントが著書につけたタイトルは"*The Conquest of American Inflation*（「米国インフレの征服」）"でした。米国はインフレを征服（conquest）したと高らかに宣言したのです。それに続いてまた別の経済学者は"*The Death of Inflation*（「インフレの死」）"と題した書籍を出版しています。「征服」とか「死」とか、経済学の書物には似つかわしくない過激な言葉が並ぶことからも、それまでのインフレの経験がいかに過酷で、そこから抜け出すのがいかに大変だったかがうかがわれます。

これらの書籍が出版されたのは2000年ごろのことです。その後、リーマンショックを経て、2020年代にさしかかるころには、世界経済が直面する課題は低インフレであり、さらにはその先に待ち構えている日本型のデフレであるというのが、各国政府や中央銀行の政策を担う人々やマーケットに関わる人々、経済学者たちのあいだでの常識となっていました。

「征服」や「死」という言葉からはやや尊大なにおいも漂います。実際、経済学者たちは、仮にインフレの芽があったとしても簡単に摘むことができると考えていました。高すぎるインフレと闘った経験は豊富にあるし、その経験をもとに物価理論も長足の進歩を遂げてきたと信じていたからです。学者だけでなく、各国の中央銀行の専門家たちも、たとえ物価が上がるような事態になっても、金融引き締めで十分に対処できると確信していました。

しかし、それが過信であったことに、やがて彼らは気づかされました。もはや過去のものと思い込んでいた世界的なインフレが再来したのです。それは同時に、それまでの経済学者や中央銀行の専門家の常識をくつがえす、大きな謎が示されたことでもありました。

2・インフレの原因は戦争ではない

メディアでなされる解説と専門家の理解のギャップ

さて、ここまでの説明を読んで、いったい何が謎なのだと思う方も少なくないと思います。世界がインフレに見舞われた2022年初頭に何が起こったのかといえば、ロシアによるウクライナ侵攻が真っ先に思い浮かびます。これをおいて他に、物価高騰の原因などあるはずがない、と大半の方は思われたに違いありません。

戦争の混乱や経済制裁によってロシアからの原油や天然ガスなどの燃料資源、世界最大級の穀倉地帯であるウクライナからの小麦などの食糧、それらの供給が滞ったことによって、たしかにそれらの価格が高騰しました。それが経済全体に波及してインフレを引き起こしている――この明白な話の、いったいどこに謎があるのだと思われても、不思議ではありません。

各種メディアではそのような解説が繰り返されていますし、一見してもっともらしい説明のように聞こえます。ですが私を含む専門家は、現在の世界的なインフレの主たる原因は、戦争ではないと考えています。

戦争はインフレの主原因ではない。そのように言われて驚かれるかもしれませんが、これは単なる私個人の私見ではなく、オーソドックスな経済学から外れた新奇な意見でもありません。各地の中央銀行のエコノミストや、経済学界のメインストリームで活躍する研究者といった、世界中の専門家のあいだですでに合意ができている理解なのです。つまり、専門家の見解と世の中で(特に日本のメディアで)一般的に言われていることでは、実はかなりのずれが生じてしまっているのです。

もちろん、私たち専門家が常に正しいわけではありません。実は、この後で詳しく述べるように、今回のインフレを分析するにあたって、研究者たちは数々の見立て違いをしてきました(ほかならぬ私自身もその一人で、その「失敗」については、次の章で説明をしなくてはなりません)。ロシアのウクライナ侵攻が物価に及ぼした影響についても、数年後に振り返ったときに、やっぱり専門家の見方が間違っていたということになる可能性は否定しきれません。なにぶん、2022年現在も、事態は刻々と進行していますので、そこは注意深くあらねばと思っています。

そこで本書では、なるべく実際に観察されたデータに基づいて、そこから得られる結果をわかりやすく説明するように努めます。決めつけや思い込みではなく、事実から得られた発見をもとに、この世界的なインフレの「逆襲」がなぜ謎なのか、それを見ていきましょう。

インフレは2021年に始まっていた!

ロシアのウクライナ侵攻がインフレの大きな理由だとする見方が広く受け入れられているのは、直感的にわかりやすい説明だからでしょう。経済制裁の一環として、欧州がロシアからのエネルギー輸入を制限していること自体は、たしかに事実です。西側世界全体でみると使える原油の量が大きく減り、それにともなって原油価格が急上昇したと解説されてきました。小麦価格についても、欧州の穀倉地帯と言われるウクライナからの輸出が戦争によって滞ったことが影響していると言われています。たしかに、モノが不足すればその値段が上がるというのは、とてもシンプルで強力な説明です。

ですが、実はこれらはインフレを生じさせた理由の一端ではあるにしても、決して最大の理由だとは言えません。なぜかと言うと、米国や英国、そして欧州のインフレは、実は2021年春からすでに始まっていたからです。戦争が起こる前に始まっていたのだとしたら、それはすなわち、戦争が原因ではないことの明確な証拠になります。

実際にデータでそのことを確かめてみましょう。**図1-1**は、米国・英国・欧州（ユーロ圏）のインフレ率予測値の推移を示しています。予測値というのは、それぞれの国のシンクタンクや金融機関などで働く専門家が、さまざまな情報をもとに将来のインフレ率を予測したものです。経済のプロフェッショナルによる予測と言ってよいかもしれません。

そうしたプロフェッショナルは、一ヵ国に一人しかいないというわけではなく、数多く存在しています。それら複数のプロフェッショナルたちが行う物価変動の予測を平均することで、偏りの小さい予測を得ることができます。図1-1は、各国のインフレ率について、そのようにして作られた予測が、その予測が作られた時点（横軸に示してあります）に応じてどのように変化してきたかを示しています。ここでの予測の対象は2022年のイン

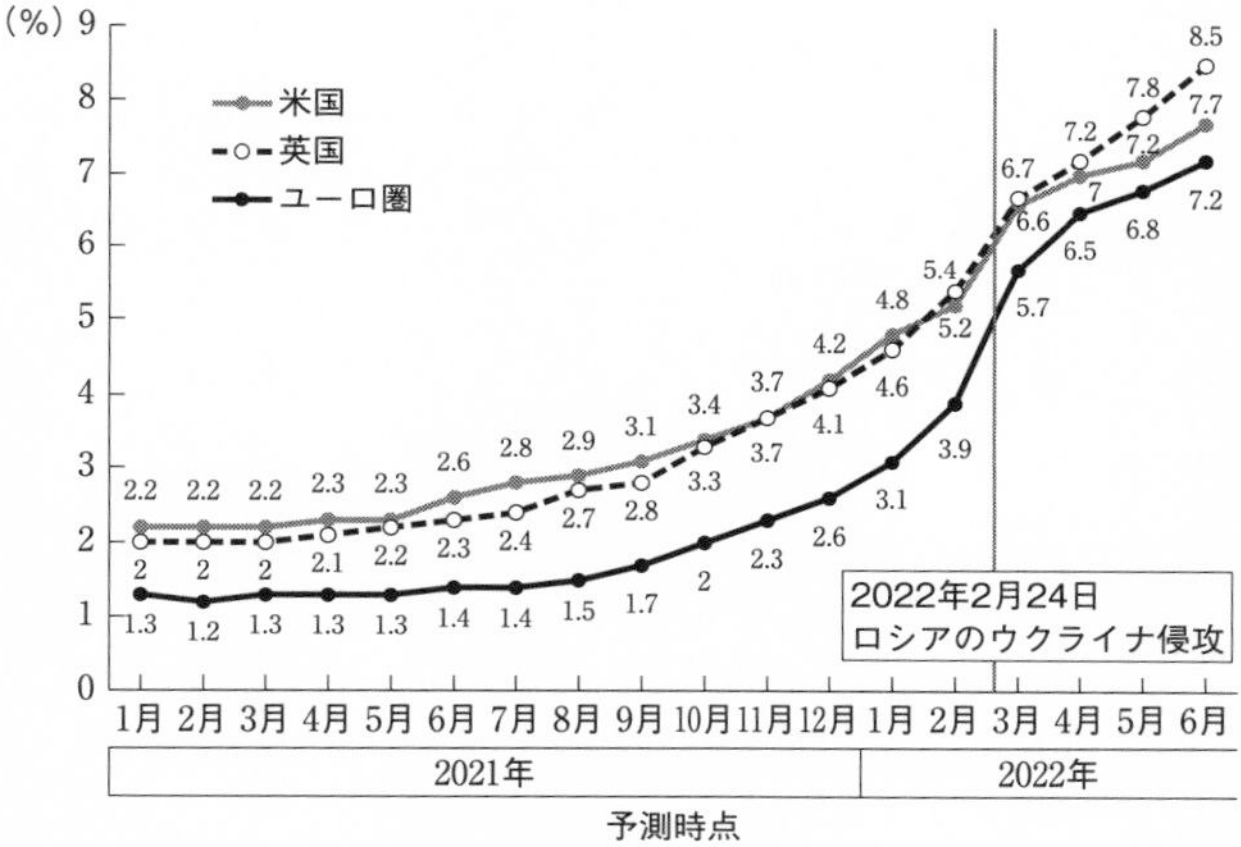

図1-1　専門家によるインフレ率予測

フレ率です。この対象は固定したままで、予測の時点だけを変化させたときの推移を表したのがこのグラフです。

具体的にグラフを見てみると、たとえば米国の予測値は、２０２１年１月の時点では２・２％となっており、これはＦｅｄがインフレ率の目標としている２％という値に近く、好ましい水準だと言えます。ところが、２０２１年春ごろから徐々に水準が上がっていきます。これは、米国の予測のプロフェッショナルたちが、２０２２年のインフレ率をそれまでより上方に改定したということです。つまり、このころから、雲行きが怪しくなってきたという認識が、予測のプロフェッショナルたちのあいだで広まっていったということが、このグラフから読み取れるのです。同様の変化が、少し遅れて英国やユーロ圏で起きていることも、このグラフには表れています。

中央銀行が2021年の物価上昇を無視した理由

このように、2021年の段階ですでにインフレ率がじわじわと上がっていたのですが、各国の中央銀行は、当時、この物価上昇は長続きしないと言い続け、特段の対応を行いませんでした。

もし物価上昇が問題だとすると、前述したように、金利を上げるなどの対策が必要になります。つまりそれは経済を引き締める、経済活動を緩やかにさせるということになります。

しかし当時は、新型コロナウイルス感染症対策のためのロックダウンからいかに経済再開を果たすかが課題となっていました。その取り組みを阻害することのないよう、金融引き締めをできる限り避けたいという考えがあったのでしょう。そうした思惑が、インフレ率の上昇を軽視することにつながったのだと思われます。

当時、米国の中央銀行として意思決定を行うFedのトップであったジェローム・パウエル議長は、この物価上昇は「transitory（トランジトリー＝一過性）」だと発言し、その言葉は経済メディアではまさに一過性の流行語となりました。

インフレが一過性なのかどうかについては、各国のシンクタンクや金融機関の経済予測のプロフェッショナルたちのあいだでも意見が割れていました。一過性を否定する人たちが一過性を主張する人たちを「team transitory（一過性チーム）」と呼んで揶揄するという、茶番劇が繰り広げられました。その後、「一過性チーム」は徐々に勢いを失い、２０２１年秋になると、予測のプロフェッショナルたちのあいだでは、インフレが深刻化するとの見方が共通認識となりました。その様子は、先ほどの図１－１で、９月から予測値がさらに上げ足を早めたことからも見てとれます。

２０２１年から22年２月までの１年強で、米国の予想値は３％ポイント、英国は３・４％ポイントと大幅に上方改定されました。少し遅れてインフレが進んだ欧州でも、２・６％ポイントの上方改定となりました。パンデミック以前は各国とも、インフレ目標の２％を安定的に達成することに苦慮していました。それがパンデミックからの経済再開が始まると、たった１年強で２％を大きく超えてしまったのです。

戦争の影響はどれほどか、プロフェッショナルの見積もり

そうした最中に勃発したのが、２０２２年２月24日に始まったロシアのウクライナ侵攻でした。この事態を受けて、３月には米・英・欧の予測値は１・３～１・８％ポイントのジャンプを示しました。戦争の勃発を見て予測のプロたちがインフレの先行きが一段と厳しくなると判断したということです。プロたちの見方はその後もますます厳しくなり、それにつれて予測値も上昇を続けていきました。その結果、各国の中央銀行はついに、現状のインフレは一過性ではないと認めざるを得なくなりました。英国の中央銀行であるBOE（イングランド銀行）が先頭を切り、2021年12月に利上げを行います。2022年3月にFedが続き、欧州の中央銀行であるECB（欧州中央銀行）も7月には利上げに踏み切ったのです。

ロシアのウクライナ侵攻が、すでに始まっていたインフレを加速させたことは、研究者のあいだでも共通認識となっています。つまり、戦争の影響がまったくなかったというわけではありません。ですが、その影響はどれほどであったかと言えば、決定的なものではなかったようです。

プロフェッショナルたちの予測値は、2022年2月の戦争勃発の時点で、米国で1・4%ポイント、戦地に近いユーロ圏ではそれより大きく1・8%ポイントの上昇となっています。そのことを踏まえると、戦争の影響は各国のインフレ率を約1・5%ポイント引き上げる程度のものだったと言えます。戦争勃発にともなう緊張感の高まりとインフレ率の関係を分析した別の研究でも、戦争がインフレ率の上昇に寄与したのはそれとほぼ同じ程度との結果が報告されています。

２０２２年の夏の時点で、米欧のインフレ率は前年比で８～９％という高い水準で推移しています。このうち戦争に起因する部分が１・５％程度だとすると、それを除いたとしてもまだ残りがかなりあります。これはすなわち、仮にロシアとウクライナの戦争が早期に終結するという幸運があったとしても、世界のインフレはまだまだ続く可能性が高いということです。

３・真犯人はパンデミック？

２０２０年に起こったこと――グローバルなシステムの危機

では、戦争が犯人でないとすれば、他に容疑者はいるでしょうか。ここで、インフレが始まった２０２１年ごろに何があったか、ふたたび思い起こしてください。世界全体に影響を及ぼした出来事と言えば、やはり新型コロナウイルスによるパンデミックがまず思い当たるはずです。

２０２０年初頭、にわかに世界は新たなウイルスの脅威に直面しました。私たちの生活は一変し、社会活動は急速に停滞してしまったのです。その結果、2020年3月までに世界経済は急速な景気後退を迎えました。この当時、中央銀行の政策担当者たちは、景気後退が続くことによって低インフレの傾向がさらにひどくなることを懸念していました。

しかし、パンデミックはそれとはまったく異なるかたちで経済システムに牙を剝きました。21世紀になって急速に進展したグローバリゼーションによって構築された、世界の物流ネットワークが寸断されてしまったのです。

現代におけるモノの生産と供給は、世界中の人と工場を、網の目のように張りめぐらされた物流によって、互いにつなげることで成り立っています。たとえばアップル社のｉＰｈｏｎｅは、製品企画を米国のアップル社が行い、製品を組み上げるための半導体などの部品はおもに日本と韓国、米国の企業が作っています。そして、部品を集めて組み立てる役割を担うのは台湾と中国の企業です。

このようにグローバル企業は、一つひとつの工程で、精度と納期、費用の最適化を図るため、生産拠点を世界中にもっています。このようなグローバルな供給網は、「サプライチェーン」と呼ばれています。

新型コロナウイルスのパンデミックは、世界の生産設備や物流拠点といった、人が「密」になる場所を直撃し、ほうぼうでグローバルな供給網を寸断させました。

台湾での半導体生産が遅れると、日本の自動車メーカーは顧客への納品を大幅に遅らせざるを得ませんでした。上海の港湾施設が麻痺すると、深圳で作った部品を輸出することができなくなり、欧州でスマートフォンが品薄になります。カナダの食肉工場がライン数を大幅に減らしたことで、中国では豚肉が過去に例のないほどの品薄になりました。

このようにグローバルなモノの供給網が寸断されて、各地でさまざまな商品が品薄となってしまうと、何が起こるでしょうか。それは、価格の高騰です。

誰もがすでに過去のものであると言わんばかりに忘却したインフレが、世界が無防備になったその瞬間を待っていたかのように、半世紀ぶりに襲いかかってきたのです。

感染が収まったのに、なぜ今さら影響？

……ということまでの説明を聞いても、やはり納得できない方は多いでしょう。

たしかに2020年は世界がパンデミックによって大きな影響を受けました。ですが、2022年にもなると、世界では経済再開が進みはじめたのも事実です。米国や欧州の一部の国ではマスクなしの生活も当たり前となり、そうした社会の光景は、すっかりパンデミック以前にもどったかのようです。しかし、まさに時を同じくして、インフレは猛威をふるいはじめているのですから、矛盾があるのではないかと思うかもしれません。

その指摘はたしかに的確なものです。そして、まさにそこにこそ、インフレの「謎」があるのです。

おさらいしますと、先ほどデータで確認したとおり、インフレの進行が始まったのは2021年春ごろのことでした。このとき、英国ではすでにワクチン接種が始まっていました。感染の波はまだまだ続いていましたが、マスクの着用やソーシャル・ディスタンスといった対処法が浸透してきたこともあり、世界は一時のパニック的な恐怖をすでに克服していた時期でもあります。

その後、ワクチン接種はグローバルに急速な進展を見せ、医療対応の進歩もあって、パンデミックによる犠牲者は激減します。2022年春以降は、米欧が先陣を切って経済再開を本格化させ、人々はほとんどマスクをせずに外出し、レストランでの食事やレジャーを楽しんでいます。これらの国では、新型コロナウイルスのパンデミックはすでに終盤に入っていると言ってもよいでしょう。

問題は、このあいだもインフレは一貫して上昇の手を緩めていなかったことにあります。

パンデミックがインフレの主犯であるという仮説を素直にとらえるなら、パンデミックの影響がより厳しかった時期にこそインフレが起こるはずです。しかし、実際にインフレが始まったのは、新型コロナウイルスというものについて人々の理解が進み、対応しはじめて、パンデミックがいったん落ち着いてきたころのことでした。

このタイムラグをどのように考えるべきでしょうか。ここまで見てきたとおり、私を含む研究者は、状況からしてパンデミックがインフレの主犯である可能性が高いと考えています（繰り返しになりますが、戦争が主因でないことはかなりはっきりしています）。その見通しが正しいのならば、パンデミックの下で、どこで／誰が／何をしたからインフレが起こった、ということまで特定できなければなりません。

パンデミックは経済を変化させない？

新型コロナウイルスによる脅威が覆う世界で、私たちは2020年から21年にかけて、2年間の巣ごもりを経験してきました。巣ごもり中はできるだけ家から出ず、人と会わないことが奨励された結果（「ステイホーム」）、人々は家の外での消費活動と労働をあまりしなくなりました。つまり、経済活動はそれ以前に比べて停滞したことになります。世界各国で、多かれ少なかれ似たような現象が起こりました。

経済学者の多くは、この2年間の停滞が大きな問題につながることはなく、感染状況が落ち着けば、すみやかに経済再開が行われると考えていました。なぜそのように考えたのかというと、経済活動が停滞したとは言っても生産体制は無傷だったからです。

生産を支えるのは「資本」「労働」「技術」という3つの要素です。資本とは、モノを作る機械や設備、あるいはサービスを提供する建物などのことです。労働とは、私たち労働者が工場やオフィス、お店で働くことです。技術とは、モノやサービスを生産する際のノウハウのことです。

人類はこれまで多くの自然災害や戦争を経験し、それらは経済にも大きな爪痕を残しました。なかでも、日本人にもっともなじみのある自然災害は地震です。地震は工場やオフィスなどを壊してしまいます。つまり、資本の棄損です。また、地震は多くの人命を奪うので、労働も棄損します。資本と労働が一瞬で消えてしまうので、それまでと同じように生産を続けることは到底できません。資本の修復にはたくさんの時間とおカネがかかります。労働の修復にはさらに長い年月を要します。そのため地震の直後に経済活動が元に戻るとは、誰も考えません。

では、パンデミックが収束すれば経済は元に戻ると経済学者たちが考えたのは、なぜでしょうか。それは、資本も労働も、そして技術も棄損していなかったからです。巣ごもり中に、経済で使われる資本の量はたしかに減りました。ですが、それは一時的に使われなかっただけで(遊休化)、機械や設備、建物が消滅したわけではありません。そこは、地震と大きく異なる点です。

一方、労働については事情が少し複雑です。ひとつには、失業が発生しました。これは労働力の遊休化であり、資本の遊休化と同じく、経済再開の障壁にはなりません。しかし同時に、パンデミックは多くの犠牲者を出しました。これは地震の被害と同じように労働を棄損させます。これらを総合してどのように評価すればよいでしょうか。

実は、今回の新型コロナウイルスによるパンデミックは、過去の疫病、たとえば1918年から20年にかけてのスペイン風邪や、14世紀の黒死病などと比較すると、死者の数が桁違いに少ないことがわかっています。しかも死者を世代別に見ると、新型コロナウイルスの性質により、重症化したのはシニア層に偏っており、働き盛りの世代の死者は相対的には少なくなっています。こうした観点から、今度のパンデミックによる労働の棄損は比較的軽くすんでいるというのが研究者の評価です。

技術の面でも、この2年間で人々の生活を根本から革新するような大きな進歩も退化もありませんでした。ネットショッピングやリモートワークはこの2年間で一気に普及しましたが、それらを実現させた技術（インターネットを通じたビデオ会議やクラウドによるデータの共有など）は、いずれも以前から存在していたものです。

つまり、パンデミックの前後で資本・労働・技術という、経済の生産を支える基本的な条件は大きく変わっていません。だからこそ、経済学者たちは、巣ごもりの終了とともに、世界経済は元の状態にすみやかに戻ると考えたのです。

裏切られた経済学者たちの見通し

ところが実際に経済が再開してみると、経済学者たちの予想に反して生産が回復してきません。生産がニーズに追いつかない、つまり需要が供給を上まわるというアンバランスが経済のあちこちで生じてしまい、それが物価上昇を引き起こしてしまったのです。

地震の場合には工場が棄損して生産が間に合わなくなり、物価は上昇します。実際、東日本大震災の発生後に物価が上昇しました。あるいは第二次世界大戦の直後は各地が焼け野原となり、多くの人々が亡くなったので、工場がない、人手もないので生産が追いつかず、深刻なインフレが発生しました。

しかし、繰り返しますが、今回のパンデミックはそうした大災害とは事情が大きく異なります。生産活動を支える資本・労働・技術という基盤は、ほとんど損なわれていません。であるならば、先ほど見たような経済学の考え方からすれば、生産は回復するはずです。それなのになぜ生産が不足する事態となってしまったのでしょうか。

専門家たちは何を見落としていたのでしょうか？　自分への反省も込めて言えば、パンデミックが経済に影響を及ぼす経路を、私たち経済学者たちがきちんと理解できていなかったのだと思います。では、どこをどう読み違えたのでしょうか。

労働者と消費者、想定外の行動

2年間の巣ごもりを終えて、私たちはふたたび社会に戻ってきました。労働者は労働の現場に戻り、何事もなかったかのように、以前と同じ仕事を再開する。消費者は消費の現場に戻り、こちらも何事もなかったかのように、以前と同じ消費活動を再開する――これが経済学者の想定していたことです。そしてたしかに、労働者・消費者は、基本的にはその筋書きどおり行動しました。

しかし、データをつぶさに見ると、その筋書きから乖離する行動も観察されています。たとえば、リモートでの仕事に慣れてしまった労働者は工場やオフィスに戻ることを拒むということが起こっています。出勤が義務になるぐらいなら職を変えようと考える若手や、それならば早めにリタイアしてしまおうと考えるシニアが出てきています。働き手の減少はモノとサービスの供給の減少を招き、それが需給のアンバランスを引き起こしています。

消費者についても、また予想外の行動が見られるようになりました。人混みを避けたり、他者との物理的な接触を避けたりというように、生活様式が変わっているように見受けられます。それにともなって、どこで何を消費するかということに変化が現れています。

消費が集中するようになった品目では、生産が追いつかず価格上昇が起きています。

あり得ない「同期」という現象

労働者や消費者の行動の変化（これは「行動変容」と呼ばれています）はなぜ起こっているのか。行動変容はどの程度続くのか。個々人の行動変容は一見したところ些細なものに見えるのにそれがマクロの物価を動かすほどに大きな影響力をもつのはなぜなのか——巣ごもりから社会に出てきた人たちの行動と、それに起因する物価の変化を観察した経済学者たちは、新たな疑問としてこんなことを考えはじめています。

これらの疑問はどれも答えを出すのが難しく、いまのところ経済学者のあいだにコンセンサスはありません。また、人々が社会に出たのはつい最近のことなので、データの蓄積も十分ではありません。しかしそれでも、こんなふうに考えてはどうかという方向感は出てきていると私はみています。

一人ひとりの些細な行動変容が、なぜインフレというマクロの変化、社会全体に及ぶ変化を引き起こすのか。この点については、あるひとつのキーワードが浮かび上がってきています。

これまでの2年超にわたるパンデミック下での人々の経済行動を分析した研究が、さまざまな研究者から発表されています。それらが共通して指摘する大事なポイントは、ウイルスとの闘いにおいて、世界中の誰もが同じ行動をとってきたということです。ステイホームはその最たるものです。そして、経済再開の局面において労働者や消費者に見られる行動変容も、同様のことが言えます。この大きな特徴を言い表すキーワードが、「同期」です。

通常、人々の経済行動は同期しません。たとえば、誰かがレストランに行かなくなったとすれば、その分レストランには空席ができます。もしかすると、店員の接客が丁寧になるかもしれません。そうなれば、誰か別の人がそのレストランに行ってみようかと考えるでしょう。このように、通常であれば、「捨てる神あれば拾う神」で、誰かが何かの行動をとれば、それとは真逆の行動を別の誰かがとることになります。こうしたメカニズムによって、経済は全体としては安定が確保されるのです。

株式の売買などでも同じことが言えます。この銘柄は先が暗いと思った誰かは売るでしょうが、別の誰かは今こそ買いだと考えます。その二人が出会うことで取引が成立します。そのようにして、意見の違う多様な人たちが株式の売買に参加することで、市場の安定が保たれます。もし、すべての人がその銘柄は売りだと考え、個々人の売りが完全に「同期」すれば大暴落が起こってしまいます。

国をまたいで同期が発生することは、さらにあり得ないと言えるでしょう。地理や政治、経済などのあらゆる条件がまったく同じ国はひとつとしてないからです。すべての国を同じ現象が同時に襲うということも、通常はあり得ないからです。新型コロナウイルスによるパンデミックによって、まさにこのあり得ない現象が起こっています。

パンデミックによって、人々の行動が同期した理由は明白です。世界中のすべての人にとって、ウイルスが共通の敵だからです。人類が曲がりなりにも対ウイルスの共同戦線を張れたことは、今度のパンデミックの大きな成果だろうと私は思います。そのことによって多くの人命が救われたことも大いに誇るべきです。しかしそのことの副作用として、これまでの常識では理解不能なマクロの経済変動も生じてしまいました。その最たるものがこのインフレであり、今度はそれが人類を苦しめているのです。

ウイルスと闘うという観点では、同期は望ましいことです。国中の人々が、あるいは世界中の人々が同時にステイホームをすることによって感染拡大を防げるからです。人混みが少なくなったのを見計らって街に繰り出すような人が出てくると、ウイルスの封じ込めができなくなってしまいます。ですが、経済の安定という観点では、同期はきわめて厄介なものです。

個人ごとの些細な行動が同期して、マクロ規模の大きなインパクトを引き起こすというような事態は、ここまで述べたとおり、通常ではほぼあり得ないことでした。そのためデータの蓄積も、そして知見の蓄積も不十分なのです。だからこそ、この「同期」が、私たちがかつて経験したことのない大きなうねりとして、世界経済に支障をきたすほどのインパクトとなっているのです。

外れた予言

インフレの原因が人々の行動変容だとすると、インフレの先行きを占うには行動変容が今後どのようになるかを知る必要があります。しかし、この点については、研究者のあいだでも共通の見解はありません。誰もよくわかっていない、というのが正直なところです。ただし、わからないながらもわかってきたことはあると私は考えています。

インフレが起こりはじめたころから、原因は行動変容ではないかと囁かれていました。しかし同時に、それが長く続くことはないという見方も、とくに米国では少なくありませんでした。人々は社会に戻ってきたばかりなので、巣ごもり時代の癖が抜けないのだ、いずれその癖も抜けて元どおりの行動になる――このような趣旨の発言が公の文書で見られましたし、研究者やプロフェッショナルたちの私的な会話においても何度も接しました。

そして、そうした発言をする人たちは、来月の統計が発表されればそのことが確認できると豪語していました。しかし次の月の数値を見ても、その次の月の数値を見ても、いっこうに彼らの予言どおりにはなりませんでした。

悲観は「備え」

こうしたことが繰り返される中で、私はあることに気づきました。それは、「巣ごもりが終われば経済は元どおりになる」というのは、たんに経済学者たちが信じたがっていることにすぎないということです。

もちろん、その信念どおり、いずれ経済は元に戻るのかもしれません。私自身もその可能性を否定する材料をもっていないので、それは正しいのかもしれないと思っています。しかし、そうした経済学者たちの予測は、過度に楽観的という意味で、バイアスがかかっていることも間違いありません。彼らの信念に反する数値がこれまで毎月公表されてきたという事実を、軽視すべきではないでしょう。

また、百歩譲って、彼らの信念どおり高い確率で経済が元に戻るのだとしても、経済が元に戻らない確率がゼロではない以上、その事態に備えるという発想で物事を考えるほうが賢明ではないでしょうか。つまり、経済運営のリスク管理として、いかに確率が低くても、経済が元に戻らない場合への備えを今から着実に進めておくということです。最終的に経済が元に戻るのであれば杞憂だったということですむわけですが、万一戻らなかった場合にはその備えが生きてきます。

本書での私の立ち位置は、標準的な経済学者と比べると、どちらかと言えば、悲観的なほう（経済は元に戻らない）に偏っています。その理由のひとつは、いま説明した、経済が元に戻らなかった場合の「保険」です。そして、もうひとつの理由は、データです。

2022年夏現在までのデータを見ると、労働者と消費者が経済活動のさまざまな場面において行動を変容させていることが、はっきりと示されています。また、なぜそうした行動変容が起こるのかと思いをめぐらすと、それは一瞬で終わるというよりも、かなり長く続く可能性が見えてきます。この点についてなぜそう言えるのかは、第2章以降で詳しく見ていきます。

4・より大きな、深刻な謎

予想外のインフレ

実は、インフレについての謎は、なぜそれが起こったのかということだけではありません。どう対処すべきかもわかっていないのです。これは、より深刻な謎だと言えます。

もちろん、わかっていないというのは、何も対応していないという意味ではありません。日本を除く世界各国の中央銀行は、高インフレを沈静化しインフレ目標に復帰させるため、金融引き締めを前のめりに行っています。米国Ｆｅｄが２０２２年の１年間に行う利上げの幅は４％ポイント超と予想されています。これは近年では例のないスピードの利上げです。

ですが、このような対処を中央銀行が自信をもって行っているのかというと、実はそうでもありません。２０２１年の春から始まったインフレに対して、中央銀行はそもそもインフレが起こることをまったく予想できていませんでした。そのうえ、先ほど紹介した、Ｆｅｄが「一過性」という言葉を使ったことからもわかるように、ここまでインフレが進むとはまったく予想できていませんでした。

メディアでは米国のインフレがさかんに報道され、Ｆｅｄの対応が注目されています。実際には、Ｆｅｄだけでなく世界各国の中央銀行が一様に後手にまわりました。そうこうしているうちにロシアがウクライナに侵攻し、世界の中央銀行は、おっとり刀で金融引き締めを行わざるを得なくなったのです。

そのような事態になってしまった理由は、ふたつあります。

ひとつは先ほど述べた、中央銀行の「気のゆるみ」と「過信」です。物価の問題はすでに低インフレに移行しており、高インフレはもう起こらないし、起こったとしても利上げで制圧できる、という思い込みがありました。

そしてもうひとつは、研究者や中央銀行がインフレを予測する分析道具として頼りにしてきた「フィリップス曲線」が役に立たなくなったことです。

切れてしまった頼みの綱――「フィリップス曲線」の異変

フィリップス曲線とは、失業率とインフレ率の関係を示したチャートのことで、経済学者ウィリアム・フィリップスが英国のデータを使って1958年に発見したものです。**図1－2**のような横軸に失業率、縦軸にインフレ率をとって過去のデータを置くと、失業率が高いときにはインフレ率は低く、失業率が低いときにはインフレ率は高くなるという傾向が読み取れます。点の集合体が右下がりの曲線に見えるため、フィリップス曲線と呼ばれています。

米国Fedはその政策目標として、物価の安定と雇用の最大化をともに実現することを掲げています。これはまさに、フィリップス曲線に描かれる世界において、もっともよい結果を追求するということを意味しています。雇用が増えすぎると物価が上がってしまうので、Ｆｅｄは金融引き締めを行って景気を冷やそうとします。その逆に、不況で失業率が上がるとインフレ率が下がりすぎてしまうので、Ｆｅｄは金融緩和を行って景気を回復させようとします。日本銀行のように、雇用が政策目標となっていない中央銀行も存在しますが、そうであっても、経済を分析するうえで必ず失業率を注視しています。フィリップス曲線は、世界の中央銀行が金融政策を検討・立案する際にもっとも頼りにしているツールなのです。

　問題は、２０２１年４月以降に起こったインフレが、フィリップス曲線から著しくはみ出したものだったことです。

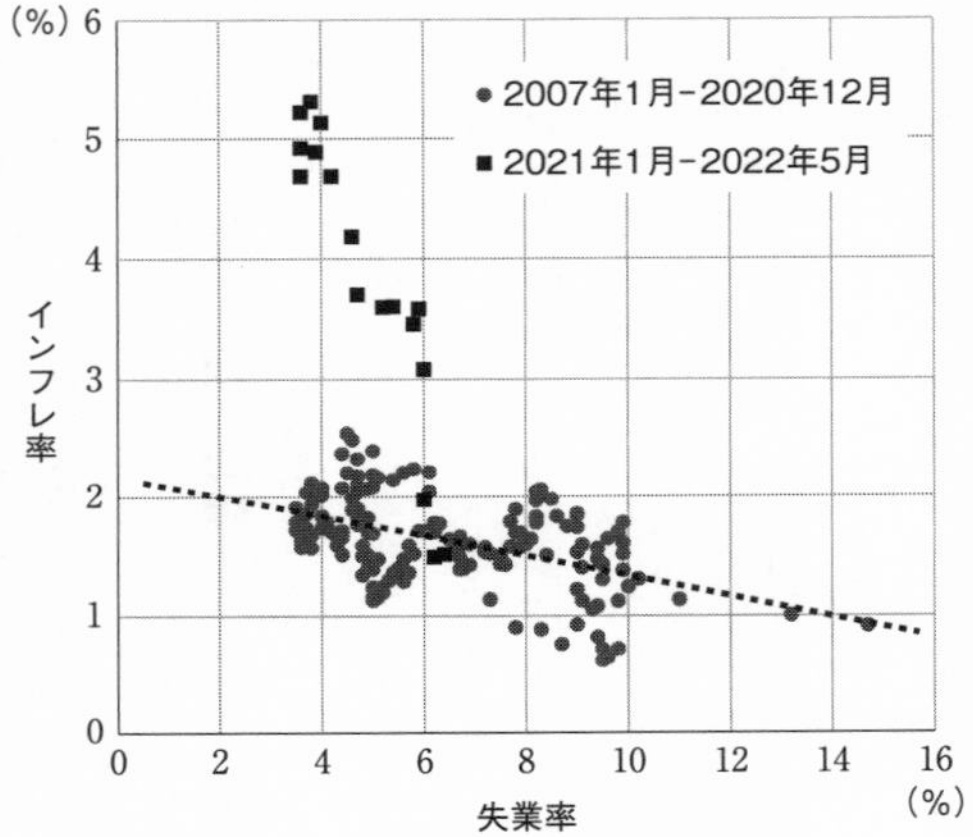

図1-2　米国のフィリップス曲線

　そのことをグラフから読み取ってみましょう。図１－２の丸い点は２０２０年までのデータをプロットしたもので、破線はそのデータが示す傾向線です。大雑把に言うと、失業率を1％ポイント改善させるとインフレ率が0・1％ポイント上昇することを示していま す。これを踏まえて、何が起こったのかを見てみましょう。

経済再開にともなって需要が増加し、それを反映して失業率が改善することは当然認識されていました。しかし2020年までのデータによれば、失業率がかなり大きく改善したとしてもインフレ率の上昇幅は小さいはずです。インフレ率はFedの目標値である2％を多少超えることはあるかもしれないが目標を大きく逸脱することはない――Fedのエコノミストたちは、経済再開に際してこのように考えただろうと思われます。

しかし実際に経済再開が始まると、そうした見込みとはまったく異なることが起こりました。図の四角い点は2021年以降のデータですが、失業率が約2％改善するあいだに、インフレ率が2％から5％へと高まったことを示しています。このデータが過去の傾向を示す破線に乗っていないことは明らかです。これは、失業率の改善にともなうインフレ率の上昇は、過去のデータが示すよりもはるかに大きいものであることを意味します。

Fedのエコノミストたちにとって、経済再開がインフレに及ぼす影響を大きく見誤ってしまったのはショッキングなことだったでしょう。ですがそれ以上に、これまで頼りにしてきたフィリップス曲線が突如として使えなくなってしまったことに、驚愕したに違いありません。なぜなら、フィリップス曲線が使えないとなると、根拠をもってインフレの見通しを立てることができなくなるからです。

今回のインフレに対して、世界の中央銀行が後手にまわり右往左往してしまったのは、彼らがきわめて高く信頼し、判断の拠りどころとしていたフィリップス曲線の神通力が落ちてしまったからです。

そしてその状況は、2022年現在においても変わっていません。米欧の中央銀行はとりあえず金利を上げてはいるものの、それは利上げでインフレ率にこれだけの効果があるという確かな読みに基づくものではありません。少し利上げしてみてインフレの反応を統計で確認する、反応が不十分であればまた利上げするというように、泥縄式に行動しているというのが実情です。このフィリップス曲線の異変という現象については、第3章以降であらためて詳しく説明します。

需要が強すぎるのか、供給が足りないのか

現在のインフレは、経済全体の需要が、供給を大きく上まわっているという不均衡によるものです。パンデミックを境に、世界経済は、低インフレ下の需要不足というモードから、供給不足というまったく逆のモードへと、大きく反転しました。

供給不足と言ったとき、文字どおり供給が足りないという場合と、供給はそこそこある

がそれを上まわるほどに需要が強い場合と、2つの場合が考えられます。つまり、供給が少なすぎるのか、それとも需要が多すぎるのか、このいずれかです。

今回のインフレがこのどちらなのかについては、さまざまな議論がなされているところです。その詳細は次章以降に譲るとして、ここでは、フィリップス曲線を使って少し考えてみましょう。

仮に後者、つまり需要が多すぎるのであれば、その非常に強い需要を反映して、そのうち失業率は大きく改善します。ですから、図の破線に沿って、どんどん左上方向に移動するはずです。しかし実際に起こったことは、破線に沿った移動ではなく、破線から上に向かって離れるということでした。詳しくは第3章で説明しますが、この事実は、今回のインフレの原因が、需要の過多ではなく、供給の過小にあることを示唆しています。

中央銀行は「供給」には何もできない

それでは、供給が少なすぎることが原因で生じているインフレに対して、中央銀行はどのように対処すべきでしょうか。原因が供給不足なのですからこれを解決するのが本筋です。しかし実のところ、中央銀行は供給の問題を解決する能力をもっていません。これが今回のインフレの問題をいっそう複雑なものにしています。

そう書くと、中央銀行はインフレを抑える組織なのだから、そこが対処できないとはどういう意味か。対処できないどころか米欧の中央銀行は利上げというかたちで立派に対処しているではないか——こんな疑問を持たれる方も少なくないと思います。もちろん、中央銀行の任務がインフレ退治であることも、また、そのための手段が利上げであることも、いずれもそのとおりです。しかしそれは、需要が強すぎることに起因するインフレに対処する場合の話です。そして、今回のインフレはそれに当てはまらないのです。

たとえば、需要が強すぎる結果としてインフレ率が適正と考えられる水準を大きく超えていると判断したときに、中央銀行は金利を上げます。するとたとえば、これに連動して動く住宅ローン金利が高くなり、住宅購入者が組めるローンの額が金利上昇前よりも小さくなります。その結果、住宅購入が減少して、家とそれに付随する家具や家電などの売上げも減ります。これで強すぎる需要が多少なりとも抑えられ、インフレ率も下がることになります。このように、強すぎる需要が原因で起こるインフレに対して、中央銀行は利上げという武器で闘うことができます。これまで各国の中央銀行が格闘してきたインフレの多くはこのパターンでした。

これに対して、供給が足りないことが原因のインフレに利上げで対処しようとすると、どんなことが起こるでしょうか。先ほど述べたように、利上げをすれば住宅などに対する需要が減少します。この利上げを繰り返し行えば、少なすぎる供給とちょうど見合うところまで需要を落とすことができ、それによって需要と供給のアンバランスを解消できます。つまり、米欧の中央銀行は、「少ない供給」という根本的な問題はいったん棚上げにして、それと平仄《ひょうそく》がとれるように、利上げにより「少ない需要」へと誘導しようとしているのです。「少ない供給」への対処が「少ない需要」というのは一見もっともらしいですが、よく考えるとこれは縮小均衡に向かうということにほかならず、決して歓迎できる話ではありません。

こんなことになってしまうのは、中央銀行が「少ない供給」に直接対処できないからです。供給を増やす手立てがあればこんなことにはなりません。供給を増やすとはどういうことか、どうすれば増えるかを、原油を例に考えてみましょう。原油の需要は、米欧をはじめとする世界各国の経済再開にともなって増えています。ところが、この需要増に対応する分だけ、産油国が生産を増やせないことが問題です。近年、再生可能エネルギーへのシフトによる化石燃料の利用削減が世界的なブームとなっており、原油価格は比較的低い水準で落ち着いていました。そのため、産油国はさらなる採算の悪化を懸念して、原油生産設備への投資を抑えてきました。

そこに経済再開の需要が舞い込んだかたちですが、原油生産は、ふだんから投資をしていないと生産量は徐々に落ちていくものです。産油国が準備をしていないところに、いきなり原油生産を増やせと言われても、急遽対応できるようなものではありません。

今からできることは、大急ぎで産油国と輸入国が協調して投資を増やし、生産のキャパシティを拡大することくらいです。ただし、これとて、投資を急いだところで一朝一夕に生産量は増えません。また、この仕事を誰がやるかと言えば、関係各国の政府です。この例でわかるように、供給不足に起因するインフレに対処するには、経済の大きな仕組みを変えるという意味での構造改革が必要であり、そこには中央銀行の出番はありません。

日本だけが苦しむ問題

インフレにどう対処するのかという問題に関して、日本はさらに事情が複雑です。

1990年代半ば以降、日本は四半世紀にわたって、物価が上がらないどころか下がっていくという「慢性デフレ」に苦しめられ続けてきました。安倍晋三元首相の肝煎りで総裁に就任した黒田東彦氏のもとで、日本銀行は「異次元緩和政策（量的・質的金融緩和政策）」を行い、慢性デフレを脱却するための努力を続けてきました。

しかし、異次元緩和開始から10年近く経っても安定的なデフレ脱却が果たされない中、「急性インフレ」という別の物価問題が日本を襲ってきたことになります。海外からインフレの波が押し寄せ、その余波によって物価が上昇しはじめたのです。経験したことのない物価上昇に戸惑った人々に黒田総裁は叩かれ、釈明に追われるほどでした。そしていまや日本は、「急性インフレ」と「慢性デフレ」が同時進行する、世界でも稀有な国となりました。

ここで、日本もインフレになったのだから、デフレはすでに過去の話になったのではないかという疑問をもつ方も少なくないかと思います。2022年に入ってからというもの、食料品などの値上げのニュースが目立つようになっていますし、たしかに日本の物価には大きな変化が起こっています。しかしそれでも私は、日本に住む私たちにとって、依然としてデフレこそが最大の問題であると考えています。物価は上がるのに、賃金は上がらないという、最悪の事態になりかねない瀬戸際に、私たちは立っているというのが、本書のもうひとつの大きなテーマです。これについては第4章以降で詳しく論じることにしますが、ここでは、大まかなことだけを述べておきます。

デフレは四半世紀の長きにわたって続き、日本の経済と社会をさまざまなかたちで変質させました。その最たるものが、賃金です。みなさんは、賃金つまり自分の給料が上がるということを、なかなか現実的なこととしてイメージしにくいのではないでしょうか。私自身、過去10年以上にわたって給料は据え置かれ続けています。賃金が上がらないことを、多くの人はもはや異常だとも感じなくなっているかもしれません。ですが、これは日本だけに見られる特異な状況です。

実は、賃金が上がらない原因は、物価が上がらないことにあります。企業は、自分の売る商品の価格を上げられないので、賃金を上げてしまうと経営が成り立ちません。一方、労働者であり消費者でもある私たちにとっては、賃金が上がらない以上、価格も据え置きでないと生活が成り立ちません。このような双方の要望を満たすギリギリの妥協点として、賃金も物価もともに据え置きという状態を日本は選択してきました。この状態はそれなりに居心地がよく、だからこそ四半世紀の長きにわたってそれが続いているとも言えるでしょう。

しかし、海外からインフレの波が日本にも及び物価が上昇を始めた今、この絶妙のバランスが崩れつつあります。物価は上昇、賃金は据え置きという、誰が考えても不幸な状態に突入するのか、それとも、物価も賃金も安定的なペースで毎年上昇する健全な経済へと移行するのか、日本はいま分かれ道に立っているのです。

5・変化しつつある経済のメカニズム

本章ではここまで、2022年現在の世界が経験しているインフレの謎がどこにあるのかを、ざっと見てきました。発生のメカニズムにも、対処の仕方にも、わからないことがたくさんあるということが、おわかりいただけたかと思います。

次の章からは、より詳しくそれらの謎に迫っていきます。その前に、本章の締めくくりとして、このインフレの背景にあると私が考えている、世界経済の大きな変化について、おおよそのスケッチを示しておきたいと思います。

新たな価格体系へ

パンデミックによって、消費者、労働者それぞれの行動が変化したことは、先ほど述べたとおりです。巣ごもりが終わり、新しい生活様式のもとで生じたこの「行動変容」によって、さまざまな商品について消費と生産のあり方が大きく変わることになります。そうなれば、消費が増えた商品の価格は上昇し、減った商品の価格は下落するという具合に、さまざまな商品の価格が大きく変わっていくことでしょう。

ただし、行動変容は一度きりのことなので、それにともなう価格の調整も、永遠に続くというものではなく、将来のどこかの時点で調整完了となります。そのときに、さまざまな商品の価格がそれぞれ上がっているのか下がっているのか、これを本書では「新たな価格体系」と呼ぶことにします。価格「体系」というのはもろもろの商品の価格の全体像を指すとご理解ください。また、「新たな」とつけたのは、行動変容を反映して、パンデミック前とは異なる価格体系に収斂《しゅうれん》するという意味です。世界は、いままさに、パンデミック後の「新たな価格体系」に向けて移行中というのが私の理解です。

新たな価格体系がパンデミック前とどう異なるのかは、第3章以降で詳しく説明したいと思います。ここでは、この新たな価格体系への移行を無理やり止めるのは不可能であること、したがって、移行を「止める」のではなく「受け入れる」という発想に立って物事を考えたほうがよいと述べるにとどめておきます。

新たな価格体系への移行の過程では、社会や人々の生活にどうしてもストレスがかかってきます。そのストレスをいかにして抑えるかが政府と中央銀行の腕の見せどころになるでしょう。新たな価格体系への移行をいかにして円滑に実現するかというのがこれからの課題だと私は考えています。

第2章　ウイルスはいかにして世界経済と経済学者を翻弄したか

1・人災と天災

インフレを予測できなかった経済学者たち

　2020年、新型コロナウイルスは世界的に広がり、まさしくパンデミックと呼ぶほかない状況となりました。米国や欧州の多くの国では感染を抑えようとロックダウンという措置をとりました。2020年3月9日にイタリアがロックダウンに踏み切ったのがその嚆矢《こうし》となり、日本でも4月には緊急事態宣言が発令され、街は水を打ったような静けさに包まれたことは、記憶に新しいかと思います。

　そうして人々は外出すらままならなくなり、仕事をしたり買い物をしたりといった経済活動が停滞した結果、世界経済はまたたく間に深刻な不況へと突入しました。

　当時、パンデミックによる経済への影響について、私を含めた経済学者や、中央銀行のエコノミストのあいだではさかんに議論が交わされました。その焦点となったのは、この先の物価がどのように動いていくかです。しかし2020年当時の研究者たちの中に、翌年からインフレが始まることを見とおすことができた人は、ほとんどいませんでした。私自身も、恥ずかしながらその一人です。

いまでこそ、このように『世界インフレの謎』などと題した本を書いている私ですが、当初はパンデミックが世界経済に埋め込んだ謎に翻弄されていたというのが実際のところです。本章は、私自身が右往左往しながら、この謎を少しずつ解いていった道筋を紹介することから始めたいと思います。同僚の経済学者や学生たちと議論を交わしたり、講演を聴きに来てくださった方々からの質問に答えたりしながら、そして時には間違いや見落としを犯しながら、私自身がいくつかの発見をした道のりを追体験していただきましょう。

リーマンショックの再来？

先ほど述べたとおり、ロックダウンから経済停滞という事態に直面した研究者たちは、今後予想される経済被害の大きさや物価の変化がどのようになるのか、そのメカニズムはどういったものになるのかを探ろうとしました。

その過程では、過去のさまざまな事例との比較が行われました。自然災害や戦争、大きなアクシデントなどによって経済へのダメージが生じた事例について、そのとき被害の大本がどこで発生して、影響がどのように広がり、その結果として物価がどう動いていったのかを分析し、それとの比較から、今回のパンデミックの影響を予測しようとしたわけです。

このとき、多くの研究者がまず思い浮かべた事例は、前章でも述べたリーマンショックです。すでに十余年が経過していましたが、大恐慌以来の経済ショックであり、直近の事例であったため、研究者の記憶に新しかったのです。株価の急落に襲われた点も似かよっていたため、まっさきに比較対象とされたのは自然なことだったと言えるでしょう。

しかしながら、結論から言うと、新型コロナウイルスのパンデミックが引き起こした経済被害と、リーマンショックが世界経済に与えたダメージとでは、まったく性質が異なるものでした。ではいったい何が違うのか、いくつかのポイントについて考えてみましょう。

人災と天災

1つ目のポイントは、リーマンショックは「人災」であったことです。

リーマンショックのきっかけは、米国住宅市場で起こったバブルがはじけたことにありました。住宅ローン関連の金融商品の価格が暴落し、そうした商品を多く手がけていたリーマン・ブラザーズが破綻してしまったのです。世界最大級の巨大金融機関が突如として消滅し、連鎖的に世界全体が金融危機に突入してしまいました。

さて、この流れの最初から最後までを見ると、すべて人間の行動が要因となっています。不動産や金融商品の取引に参加していた人々が儲けようとしたあまり野放図な投資と融資が行われ、その結果としてバブルが発生しました。そしてほころびが生じはじめると、関係者は損を最小化しようとして関連する金融商品を我先にと手放しました。これらは、すべて関係者たちの判断によって行われたことです。ですから、これはまぎれもなく「人災」なのです。

リーマンショックという人災は「需要」に影響を与えました。大まかに言えば、人々が自分の欲しいモノを買ったりサービスを利用したりする「消費」と、企業が工場を作ったり機械を買ったりする、あるいは人々が住宅を購入する「投資」を合わせたものが、需要です。

当時、リーマン・ブラザーズの破綻によって、世界経済のエンジンであった米国経済が大不況におちいることが決定的となりました。そこで世界中の消費者や経営者は弱気に転じ、消費や投資を控える不況モードに切り替わっていきました。需要が冷え込んだ結果、仕事の発注がどんどんなくなり、世界中が大不況にはまり込んでいったのです。

一方、パンデミックは、新型コロナウイルスという人ならぬ存在に引き起こされる感染症によるものであり、これは人災ではなく、言わばある種の「天災」です。人災と天災では、その起こり方と、影響を与える方向がまったく違います。

天災は、モノやサービスを提供するための機械や設備を破壊します。同時に、モノやサービスを生み出す労働者にもダメージを与えます。企業が人を雇い機械を使ってモノやサービスを作り出すことを「供給」と言いますが、天災はこの供給にダメージを与えるのです。つまり、パンデミックは経済に対する「供給ショック」であり、「需要ショック」であったリーマンショックとは、正反対のものなのです。

実のところ、私自身はこの違いについては早いうちから気がついていました。私はむしろ、同じく天災である地震災害のことを思い浮かべていました。

東日本大震災による被害との比較

日本人にとってもっとも身近な天災は地震でしょう。私たちは2011年の東日本大震災を身近に経験しています。震災による被害の大きさと経済に与えた影響の分析も数多く行われています。

日本の大都市部に1回目の緊急事態宣言が発令される直前の2020年4月、私は欧州の経済学者のフォーラムであるCEPR（経済政策研究センター）が運営する政策ポータルサイトに、あるエッセイを寄稿しました。その内容は、日本国内の消費と物価について、新型コロナウイルスのパンデミックがどのような変化をもたらそうとしているのかを、高頻度データを使って分析したものです。高頻度データというのは、クレジットカードの決済データや、スーパーやコンビニ、ドラッグストアの売上・価格データ（POSデータ）などです。

普通、経済の分析は政府の作成する統計を用いて行いますが、この時点では、新型コロナウイルスの感染拡大以降の統計がまだ公表されていませんでした。そのため、速報性に富み、経済の細かな変化もしっかり追うことのできる、こうしたデータに頼らざるを得なかったのです。ウイルスの猛烈なスピードに政府統計がついていけなかったということです。こうしたデータは、政府統計を代替するものという意味で「オルタナティブデータ」と呼ばれています。オルタナティブデータはパンデミック前にも存在はしていたのですが、感染拡大を機に一気に利用が広がり、コロナ経済危機の分析には欠かせないツールとして、経済学者はもちろん、政府、中央銀行、シンクタンクによって幅広く活用されています。

オルタナティブデータを使った分析で明らかになったのは、震災とパンデミックとでは、人々のおカネの使い方がまったく違っていたということでした。

東日本大震災のあと、人々は物価が上昇すると予想して行動しました。地震や津波で東北地方の工場設備が壊れたり、道路が寸断したりしたことで、モノ不足が全国に波及して物価が上がると予想したわけです。

これに対して、パンデミックに襲われた人々は、物価が下がると予想して行動していました。大多数の人が家にこもると、おカネが使われなくなるので景気は悪くなり、その結果として物価も下がると人々は予想していたということです。東日本大震災のときとは、まさに正反対の予想に基づいて、人々は行動していたことがわかりました。

寄稿した後で、私はあらためてパンデミックは地震とはまったく違うということを確信しました。地震は、モノやサービスを生み出すための機械や設備を壊して、私たちの経済に大きなダメージを与えます。それに比べ、一人ひとりの犠牲は痛ましいものではありますが、あくまで経済全体を見たときの労働力としては、致命的なダメージにはなりません。反対に、感染症が機械や設備を壊すことはありません。その代わりに人を働けなくしたり死亡させたりするので、労働力に与えるダメージのほうがより大きいと言えます。ダメージが及ぶ先という観点で、パンデミックと地震は正反対でした。

こうして、新型コロナウイルスによるパンデミックが引き起こす経済被害は、リーマンショックとも震災被害とも、大きな違いがあると考えるようになりました。

100年前のパンデミック、スペイン風邪

震災の事例との比較が空振りに終わった私は、続いて過去のパンデミック事例に目を向けました。それは、1918年から20年にかけて世界的に流行したスペイン風邪です。全世界で5億人がスペイン風邪に感染し、世界人口の2%が亡くなったと言われています。スペイン風邪と新型コロナウイルスは、その症状の重さや感染力の強さ、そして感染拡大

の規模の大きさにおいて、きわめてよく似ていると、当時の私は考えました。

スペイン風邪によるパンデミックは、経済にどのような被害をもたらしたのでしょうか。ここで注目すべきは、犠牲者が働き盛りの世代に集中していたことです。そのため、労働力に大きなダメージを与えました。当時は工場でモノを生産する際に、現在よりも人力に頼る部分が大きかったので、働き手の減少は生産力をダイレクトに低下させました。さまざまなモノの生産が滞ることとなり、物資の供給に甚大な影響を及ぼしました。他方で、労働力の減少は、働き手の奪いあいにもつながりました。足りなくなった人手を求める雇用主たちが、競って高い賃金を提示することとなり、賃金上昇が生じました。

供給の停滞と、感染の収束にともなう需要増が重なって起こるのは物価上昇です。こうして、世界に激しいインフレが襲い掛かってきたのです。**図2-1**は、スペイン風邪が世界各国のインフレ率に与えた影響を推計した結果を示しています。多くの国々が軒並み10%以上、インド・インドネシア・南アフリカに至っては30%を超えるインフレに見舞われたことがわかります。

以上が、スペイン風邪がもたらした被害のあらましです。こうしたことを踏まえて、2020年4月に、私はある経済誌に「コロナショックで物価は上がるか下がるか」というエッセイを寄稿しました。それは、スペイン風邪の事例をひきながら、今後の物価上昇の

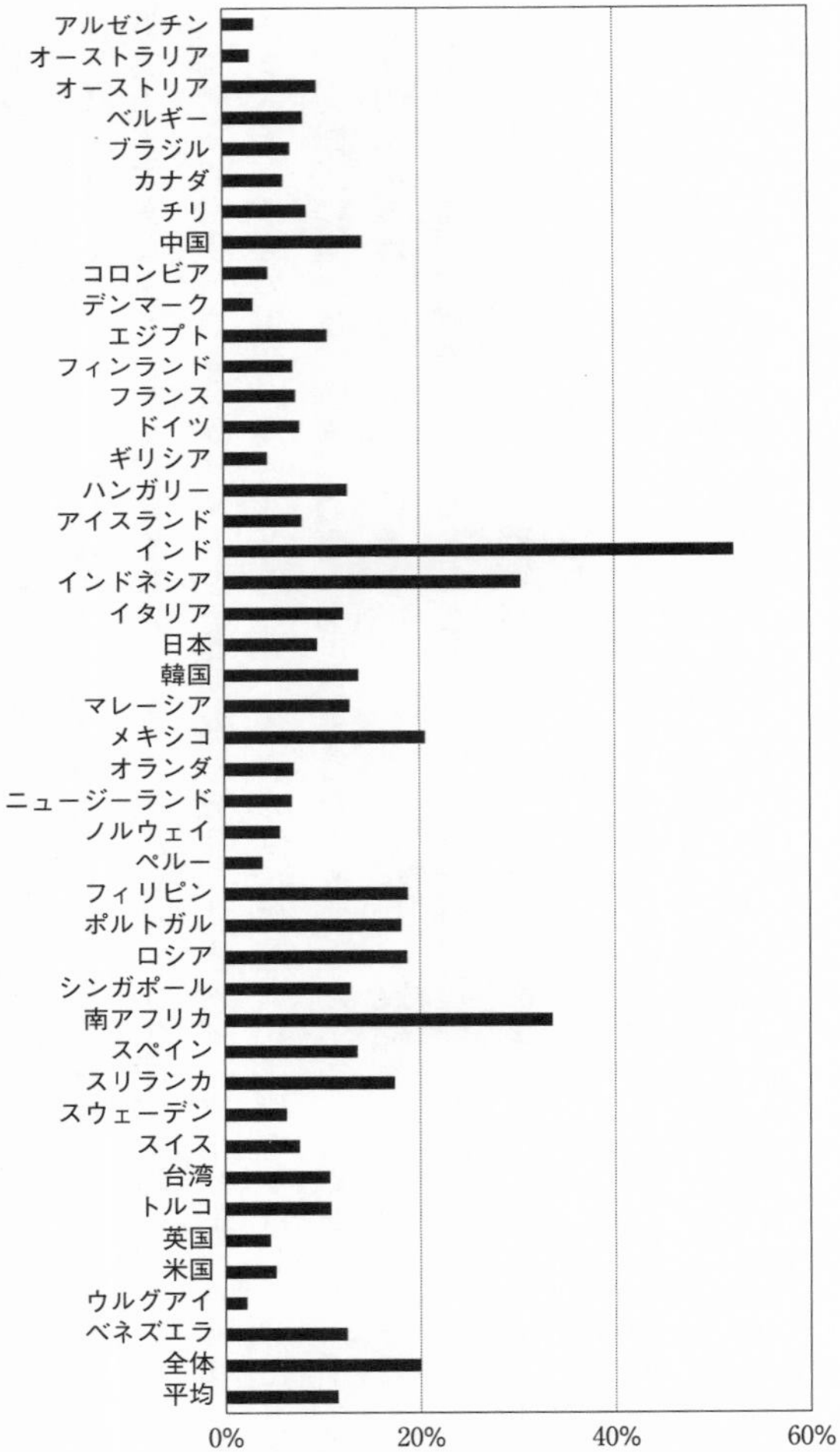

図2-1　スペイン風邪のインフレ率への影響

可能性に警鐘を鳴らす趣旨のものでした。その記事で私は以下のように述べました。

スペイン風邪と同じくコロナも供給ショックだとすれば物価は上がるはずだ。現時点で表出しているのは、サービス業の需要ショックとそれに伴う物価下落だ。しかし近い将来、モノの企業への供給ショックが顕在化し物価が反転上昇する可能性があると筆者はみている。（「週刊東洋経済」2020年5月2－9日号）

2・何が経済被害を生み出すのか——経済学者が読み違えたもの

IMFのシナリオ

当時を振り返ると、圧倒的多数の人々が「コロナ＝不況＝デフレ」と信じており、そうした中でインフレが起こるかもしれないと主張するのは、大いに勇気のいることでした。しかし、さまざまな不確実性があったとは言え、それなりの見通しがあって、この文章を書いたつもりです。

ところが、私の少しばかりの自信を打ち砕くかのように、その月も、その翌月も、世界中のどこを見ても、インフレが始まったという兆しは見えませんでした。それどころか、世界各国のインフレ率は月を追うごとに、こぞって低下に向かい、日本に至ってはふたたびデフレに戻りかねないという始末でした。

そして、インフレ率が私の見通しどおりにならないということもさることながら、私には気になって仕方ないことがもうひとつありました。それは死者が少ないということです。何とも物騒な話ではありますが、当時の私の見立てでは、新型コロナウイルスによって多数の死者が出てしまい、それが原因で労働供給が減るはずでした。死者数が想定よりも少ないということは、私の見立ての前提条件が崩れつつあることを意味していました。

2020年5月時点での死者数は世界人口の0・005%で、スペイン風邪のときの死者数（世界人口の2%）には到底及びません。しかも犠牲者は高齢者が中心で、この点も、働き盛りの世代が多く犠牲になったスペイン風邪と事情が大きく異なります。それでは、先行き犠牲者がもっと増えるのかと言えば、当時はすでにワクチン開発に目途がつきつつあり、治療薬の開発にも大きな進展が見込まれていました。どう考えてもこれから犠牲者が急速に増え、スペイン風邪のときの犠牲者の数に追いつくとは思われませんでした。

スペイン風邪は約100年前の出来事です。それと今度のパンデミックをいっしょくたにすることには最初から違和感はありました。しかしそれ以外に参照できる事例がなく、やむなくそこが私の思考の出発点になりました。しかしと言うべきか、やはりと言うべきか、100年の時間の差は厳然としてあり、この間の医学の発展を無視した私の見立ては根本的に間違っていたのではないかと思わされました。

私はこの先、何を頼りに物価を考えていったらよいのか……そう悩んでいたところに、IMF（国際通貨基金）から、チーフエコノミストのギータ・ゴピナート局長との公開ウェブディスカッションの誘いがありました。2020年7月のことでした。IMFのエコノミストたちは世界各国から幅広く情報を集めているので、パンデミックの影響について私の知らないデータや知見を仕入れるよい機会になると考え、引き受けることにしました。もし何か新たなことがわかれば、予測を修正できるかもしれないと考えたのです。

ウェブディスカッションで語られたIMFのシナリオは、「パンデミックによる『健康被害』が、GDPの落ち込みなどの『経済被害』を生んでいる」というものでした。これはごく自然な主張のようにも聞こえるかもしれません。ですが、この説明を聞いた途端、私はそれはおかしいと猛烈に反論しました。なぜかと言えば、IMFの発想はスペイン風邪をベースにした、かつての私の発想とまったく同じだったからです。パンデミックで人が亡くなる。それが原因で労働供給が減り、経済被害が生まれる。自らの見立て違いに対する自戒の念も込めながら、そのシナリオは絶対違うと主張しました。

もしＩＭＦの主張が正しければ、健康被害が大きい国ではそれに比例して経済被害も大きくなっているはずです。ＩＭＦが提供してくれたデータでそうなっているかを検証すれば、ＩＭＦのシナリオの強い反証になると考えました。そして私は、グローバルに見て、健康被害の大きな国で経済被害が大きいとはなっていないことを確認しました。

健康被害と経済被害は直結しない

実際に、世界各国の健康被害と経済被害を示すデータにあたってみましょう（表２－１）。

健康被害については、各国ごとに集計された「人口１００万人当たりの死者数」のデータを示しています。死者の絶対数ではなく、一定人口当たりという相対的な数を見ることで、国ごとの健康被害の深刻さを比べられます。

新型コロナウイルスを原因とする１００万人当たりの死者数は、日本では54人、米国では１４９３人でした（数字はいずれも当時のもの）。実に約28倍という開きがあり、日本は米国に比べると、健康被害をかなり抑えることに成功していたことがわかります。

その一方で、経済被害の大きさを示す「２０２０年のＧＤＰ損失率」のデータを見ると、日本はマイナス５・９６％となっているのに対し米国はマイナス６・３６％と、わずか０・４％ポイントしか差がありません。日本が健康被害を米国の28分の１に抑えていたのに比べると、経済被害の差があまりにも小さすぎます。

この要領で各国の健康被害と経済被害を見てみると、健康被害がもっとも大きかったサンマリノでは100万人当たりの死者数が2119人に及んでいることが目につきます。実に国民の500人に1人が亡くなったことになります。これは日本の約39倍であり、サ

		100万人当たりの死者数	2020年のGDP損失率
1	サンマリノ	2,119	−11.97%
2	ベルギー	1,859	−9.57%
3	スロベニア	1,782	−8.89%
4	英国	1,717	−11.13%
5	チェコ	1,684	−8.60%
6	イタリア	1,545	−10.87%
7	ボスニア・ヘルツェゴビナ	1,494	−8.96%
8	米国	1,493	−6.36%
9	ポルトガル	1,492	−11.94%
10	北マケドニア	1,428	−8.69%
112	日本	54	−5.96%
159	エリトリア	2	−4.24%
160	フィジー	2	−19.96%
161	ブータン	1	−3.08%
162	パプアニューギニア	1	−7.82%
163	タイ	1	−9.28%
164	モンゴル	0.6	−6.76%
165	台湾	0.4	−2.63%
166	ベトナム	0.4	−5.05%
167	タンザニア	0.3	−4.77%
168	ブルンジ	0.2	−4.91%

表2-1　健康被害と経済被害（168ヵ国）

ンマリノがきわめて深刻な健康被害に苦しんだことがわかります。

英国・イタリア・米国も含まれる健康被害上位10ヵ国と下位10ヵ国とを比較すると、死者数は約1万分の1〜700分の1に抑えられていました。そして、健康被害上位10ヵ国のほうが下位10ヵ国よりも経済被害が大きい傾向があるように見えます。しかしながら、健康被害の大きさの差を念頭におくと、話は変わってきます。

たとえば、健康被害1位のサンマリノと168位のブルンジを比べると、サンマリノが受けた健康被害の大きさはブルンジの1万倍以上です。しかし経済被害の比較では、その格差は2・4倍に縮まります。健康被害の大きさの差の割には、むしろサンマリノでは経済被害が抑えられていたのです。

このデータを見る限り、健康被害は経済被害に直結しているとは言えません。

経済ショックは伝播する?

こうしたデータを踏まえて、健康被害と経済被害は直結しないのではないかと、ゴピナート氏に指摘しました。すると彼女は、次のように反論してきました。健康被害の差にかかわらず、どの国でも経済被害がさほど大きく変わらないのは、パンデミックによる経済ショックが世界中に「伝播」したからだ、と言うのです。

パンデミックがある国の経済に与えた悪影響が、他の国へ次から次へと飛び火していったというのが彼女の説明です。経済ショックの伝播といえば、ここまでもたびたびふれてきたリーマンショックの事例が思い起こされます。

経営破綻したリーマン・ブラザーズは当然のことながら他の金融機関への支払いができません。そうなると、リーマン・ブラザーズからのおカネを当てにしていた別の金融機関は自分の支払いがままならなくなります。すると今度は、その金融機関からのおカネを待っていた他の金融機関が困ることになります。こうした連鎖が米国内にとどまらず、欧州や日本を含むアジアへと次々に飛び火しました。グローバルな飛び火は、金融のつながりだけでなく、貿易のつながりを通じても起こりました。無駄な支出を抑えようと考える企業が他国の企業からの資材や設備の購入を減らしたからです。

ゴピナート氏が主張する伝播とは、こうした金融と貿易のつながりを通じてのものを指していたのでしょう。

リーマンショックが世界中に伝播した要因は、金融機関や企業が国境を越えて取り引きしていたということにあります。ところが、新型コロナウイルスのパンデミックは国境を越えた取引とは無縁です。少なくとも、私がＩＭＦとディスカッションをしたパンデミック初期の時点では、金融機関のグローバルな連鎖破綻も貿易の崩壊もありませんでした。

その代わりに当時起こっていたのは、「サービス消費」の激減でした。レストランや居酒屋、劇場、宿泊、理髪店、あるいは映画やコンサートなど、つまりモノを受け取らないおカネの使い方全般がサービス消費です。これらは対人接客や人を集める形態で提供されることが多く、パンデミックで急速に需要がなくなってしまいました。

サービス消費の特徴は、そのほとんどが、その国や地域の中で完結することです。髪を切ってもらうために外国に行くという人はほぼ皆無であり、サービス（特に個人向けサービス）は貿易で取り引きされることはありません。ですから、ある国でサービス消費が危機に瀕しても、ショックが貿易網を通じて国際的に伝播するようなことにはならないのです。

以上のようなことから、ゴピナート氏の反論があってもなお、新型コロナウイルスのパンデミックにおいては健康被害と経済被害との関連は薄く、経済ショックが国際的に伝播することもないと私は考えました。そうすると、パンデミックが経済被害を引き起こした理由は、別のところになければなりません。

「ロックダウン」と「緊急事態宣言」の違い

ＩＭＦとのウェブディスカッションを通じて、また別の気づきが得られました。

当時、多くの研究者が、感染を抑えるための政府による行動規制が経済被害を生み出しているという説を唱えていました。IMFもこの説を支持しており、当時の経済危機を「Great Lockdown（グレート・ロックダウン）」と名づけようとしていました（米国の経済学者は、1930年代の大恐慌のことを「グレート・デプレッション」と呼ぶなど、なにかとグレートと言いたがる癖があります）。

ですが、彼らの説明を聞いているうちに、私にはどうもこの説も間違っているのではないだろうかと思えてきました。そのように思うのは、日本と米欧との状況の違いが念頭にあったからです。

2020年の春、死者が急増した欧州諸国や米国では、政府による強力なロックダウン措置がとられました。他方で日本ではロックダウンではなく緊急事態宣言が発令されました。ロックダウンと緊急事態宣言は似たようなものと思われる方は少なくないと思います。ですが、実は両者には大きな違いがあります。それは「強制力の有無」です。

米欧で行われたロックダウンでは、政府の指示に従わない企業や個人には、罰金や法令に基づく罰則が科されました。たとえば当時のフランスでは、許可証を持たずに外出することをたびたび繰り返した者は3700ユーロ（約44万円・当時）の罰金を払わなければなりませんでした。このように、ロックダウンを守らないことは「罪」になったのです。

しかし、日本で発令された緊急事態宣言には強制力はなく、警官による取り締まりが行われることもありませんでした。国と地方自治体はあくまで「要請」や「指導」を行い、それを受けて企業や個人が自主的に対応したにすぎません。ごく一部の飲食店は夜になっても営業を続けていましたが、役所の職員がそのような店に出向いて宣言を守るよう働きかける場面がメディアで報道されていました。しかし、営業しなければ店がつぶれてしまうと言われれば、それ以上強く出ることはできません。強制的に店を閉めさせる方法も、そうする法的な根拠もないからです。このように、ロックダウンと緊急事態宣言では、政府による「介入の強さ」という点において、はっきりとした差があります。

政府の介入は経済に影響を及ぼさなかった

強制力をともなうロックダウンを行った国と、お願いベースの緊急事態宣言だけが発令された日本とのあいだには、経済被害に大きな違いが生じていません。ロックダウンをしなかった日本でも、ロックダウンをした国と同様の経済被害が出ていました（前掲の表2－1を見れば一目瞭然です）。

もうひとつの好例はスウェーデンです。パンデミックが世界を覆った当初、欧州諸国が強力なロックダウンを行っているのを尻目に、スウェーデンは国民の自主性にまかせて、緩やかな対策を採用しました。それは、ソーシャル・ディスタンスの確保と、50人以上の集会や高齢者施設の訪問を禁止するという程度のものでした。制限の内容は違いますが、自主性の尊重という点で、日本の緊急事態宣言と似ていると言われていたものです。

スウェーデン政府は、最終的には多くの国民が感染することによって集団免疫が達成され、パンデミックが自然に落ち着いていくことを見込んでいたと言われています。その一方で、隣国のデンマークでは他の欧州諸国と同様に、強力なロックダウンが行われました。ふだんから交流があり、地理的条件や生活環境などが近い2つの国で、同じ感染症に対して、まったく違った対応がとられたのです。これは、本来なら条件を細かく揃えて行われる政策実験を、自然な状態で行うかたちとなりました。

対照的な対策をとったスウェーデンとデンマークでしたが、結果として経済被害に大きな差は出ませんでした。国民の自主性にまかせて緩い行動規制にとどめたスウェーデンでも、厳しいロックダウンを行ったデンマークと近い割合でGDPが減少しました。

これらの事実は、政府の介入の強さと経済被害の規模には関係がないことを如実に示しています。

3・情報と恐怖——世界に伝播したもの

情報主犯説

こうして、健康被害の大きさも、政府による介入の強さも、いずれもパンデミックによる経済被害の大きさとは関係がないと確信した私は、それらよりもより説得力がある説明はどのようなものかと頭をひねりました。

考え続けた結果、謎をとく鍵は「情報」にあると思い当たりました。

人々はメディアを通して、日常的にさまざまな情報を取り込んでいます。とりわけ、戦争やパンデミックのような、自分たちの生活に大きな影響を及ぼすと思われる出来事が発生すると、多くの情報を手に入れようとします。まさに2020年のあのころは、誰もが前のめりで、自分が住んでいる地域や日本全国の感染者数や死者数の情報をチェックするようになりました。私もそうでしたし、みなさんもきっとそうだったと思います。

新型コロナウイルスというものがいったい何なのか、どのようにすれば自分や家族を守れるのか。そうした健康被害に関する情報を人々は常に求め、またメディアは四六時中報じるようになりました。そして、情報は伝えられて終わるものではありません。人々は得られた情報を踏まえて、それぞれ自らの行動を変えていったのです。

たとえば、ある飲食店にクラスターが発生して、その地域の感染者数が急増したというニュースが流れたとします。そのニュースを見た近隣の地域では、たとえば友人数名と会食をすることにしていたレストランの予約をキャンセルする人や、フィットネスクラブを退会する人が現れます。このようなニュースが連日連夜、世界中で流れ続け、それを見た一人ひとりの小さな行動の変化が、世界中で無数に積み重なっていきました。その結果、飲食やホテル、レジャー、フィットネスクラブなど、サービス業全般の売り上げが不振となり、ひいてはGDPに悪影響を及ぼすことにつながります。

ここで重要なのは、ニュースを見て行動を変化させた一人ひとりには、直接の健康被害が起きていないことです。また、行動を変化させたのは政府に命令されたからでもありません。感染に関する「情報」を受け取って、人々は自主的に行動を変えました。つまり、情報が経済被害を生み出したのです。この「情報主犯説」こそが、パンデミックによる経済被害について、私が最終的にたどり着いた仮説です。

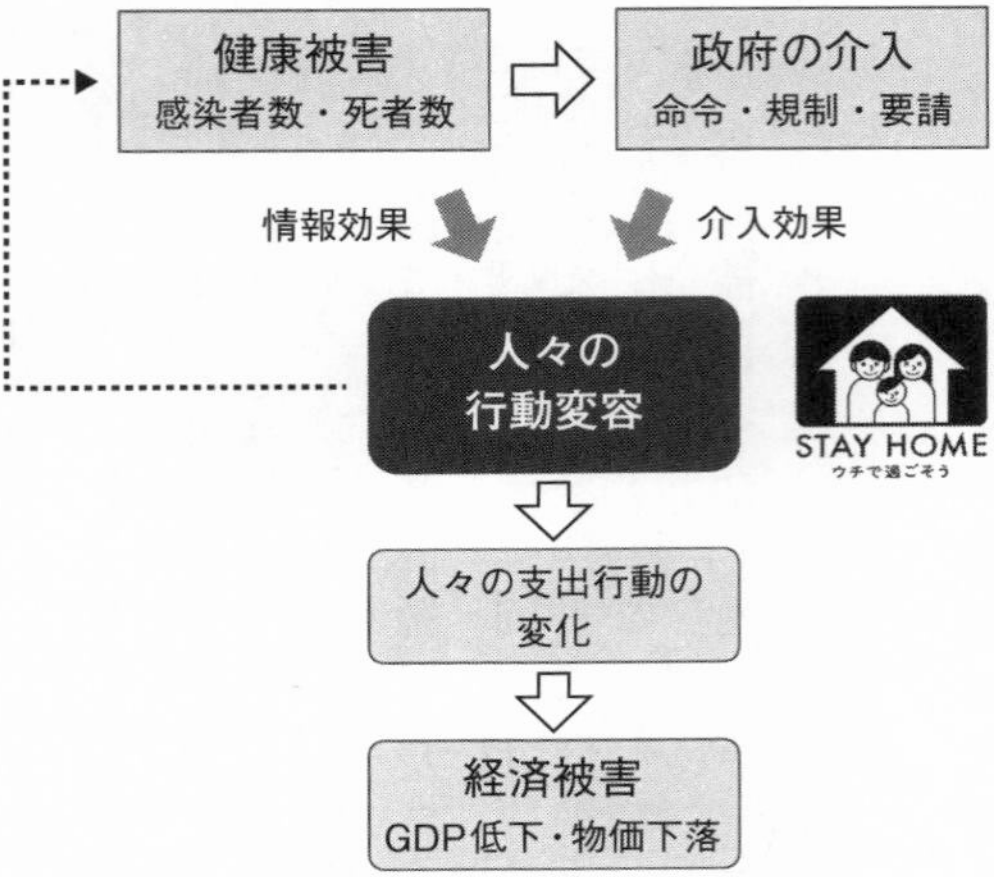

図2-2　行動変容のメカニズム

情報・介入・行動変容

私の仮説に基づいて、パンデミックが経済被害を引き起こしていく流れ、メカニズムを図式化したものが**図2－2**です。以下、この図を見ながら私の仮説を説明しましょう。

まず、パンデミックで感染者や死亡者の発生といった健康被害が起こり、これに対応して政府が介入を行います。ロックダウンのような強い介入から、緊急事態宣言のような比較的弱い介入まで、その強さはさまざまです。それらが人々の行動を変化させる働きを総称して、「介入効果」と呼ぶことにします。

これと並行して、人々は、国内や海外で発生した健康被害の情報をメディアから得ることにより、自主的に行動を変化させます。これを「情報効果」と呼ぶことにします。

この2つのルートからの働きかけを受けた人々は、外出を控える（ステイホーム）など、行動の仕方を変化させます。これが「行動変容」です。この行動変容が経済被害の発火点となります。人々がレストランに行かなくなると、レストランの売り上げは落ちます。店は従業員を雇い止めにしたり、食材の仕入れをキャンセルしたりといった対応をとるでしょう。そうなると、雇い止めに遭った人は生活費を節約しますし、キャンセルに遭った問屋や農家の売り上げも落ちるので、やはり支出の削減を強いられます。このように、行動変容の影響は、連鎖して広がっていきます。これらが積み重なった結果として、GDPの低下や物価の下落などの経済被害が生じます。

ここで言う介入効果は、先ほど紹介したIMFが提唱する説においても言われていたものです（66ページ）。そこでは、経済被害の大きさとは直結していないと説明しました。つまり、図2-2の流れにおける情報効果というファクターが、IMF説には抜け落ちていたことになります。

パンデミックによる経済被害が生じる際に、情報効果が決定的な役割を果たしていると私は考えました。健康被害の大小と経済被害の大小が連動していなかったことも述べましたが、これも情報効果があいだに置かれるという図2-2の図式によって、説明がつくと考えました。

さて、以上のことはこの段階ではあくまで仮説にすぎません。仮説は、実際に観察された事実と合致することが確かめられて、はじめて意味をもちます。言い換えれば、仮説を実際のデータに照らしてみて矛盾がないか、データがなぜそうなっているのかをうまく説明できるか、といったことを確かめる必要があります。

そこで私は、共同研究者たちとともに、介入効果と情報効果のどちらが人々の行動変容を引き起こすのか、データを用いた調査を行いました。

スマホで緊急事態宣言の効き目を測定する

新型コロナウイルスのパンデミックにおいて、私たちが体験したもっとも象徴的な行動変容は、流行語にもなった「ステイホーム」です。日本で最初に緊急事態宣言が発令されたとき、人々はどのように行動を変え、情報がどのように影響を与えたのか──それはどのようなデータから確かめられるでしょうか。

私たちは、スマートフォンの位置情報データを使うことを思いつきました。いまや日本人の大半が持っているスマホは、常に携帯電話基地局のアンテナと通信を行っており、いつ／どこに／どれだけのスマホが存在しているかのデータが蓄積されています。このデータは、個人情報を省いたかたちで、研究者に提供されています。私たちはこのデータを利

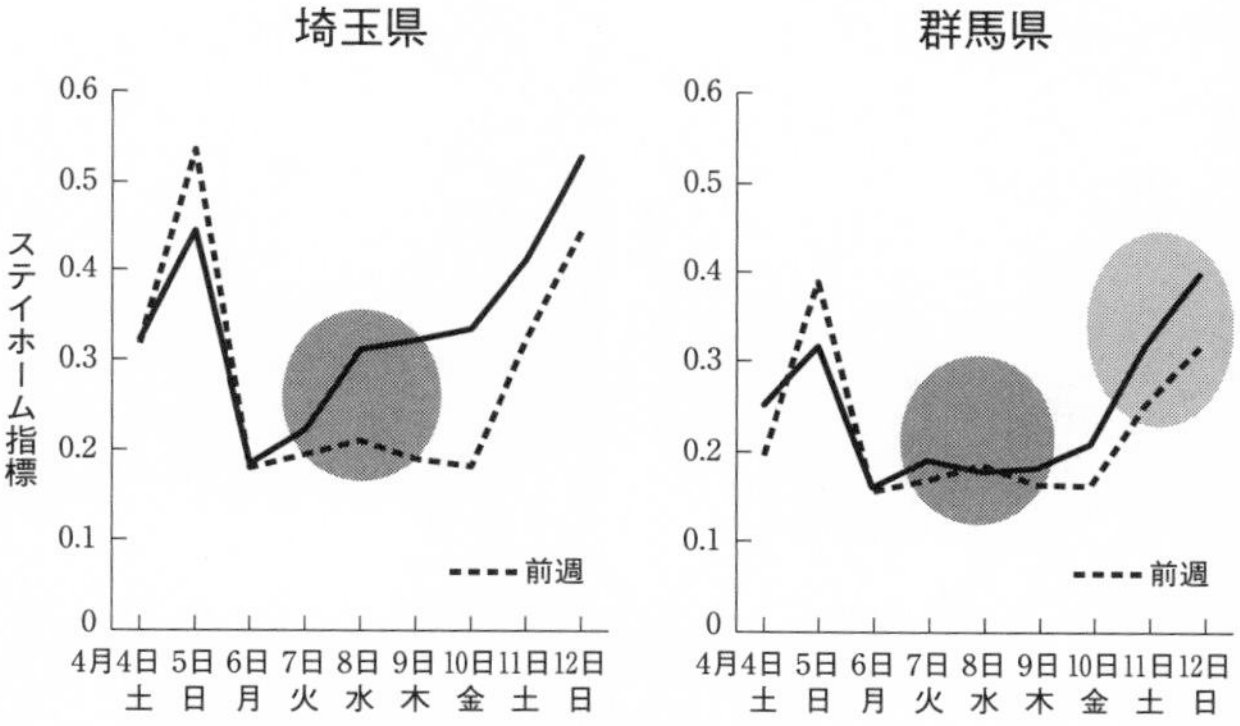

図2-3　初回の緊急事態宣言の発令前後

用することにしました。緊急事態宣言の発令前後で、スマホの位置、つまり人々の居場所がどう変化したか（すなわち、どの程度ステイホームしたのか）を解析したのです。

データを解析する際の切り口として、政府が発令した緊急事態宣言は、都市圏や地方によって、開始日と終了日が異なっていたことを利用しました。緊急事態宣言がまだ発令されていなかった地域でも、メディアを通じて他の地域で緊急事態宣言が出たとの情報を得たことが引き金となり、自主的に外出を控えるといった行動変容が起きた可能性があります。各都道府県の新規感染者数の情報なども、もちろん行動変容につながる情報です。

緊急事態宣言は外出を8・6％減らした

図2－3は、2020年4月7日に緊急事態宣

言が発令された埼玉県と、その隣でありその時点ではまだ宣言が発令されていなかった群馬県について、人々が外出を控えた度合い（ステイホーム指標）を示しています。期間は宣言発令日を含む1週間で、4月7日を含む週を示す実線と、比較対象としてその前週を示す破線を描いています。

緊急事態宣言が発令された翌日の8日を見ると、埼玉県では実線が破線よりかなり上の位置にきています。宣言が出たことを受けて人々がステイホームを行ったことが、前の週と比べるとはっきりわかります。その同じ8日、隣の群馬県では実線と破線が重なっています。つまりこの時点では、緊急事態宣言の発令による介入効果が、実際に発令された埼玉県のみで働いたということが確認できました。

これが日を追うにつれて、両県ともグラフの形状が変わっていきます。週末に人々が家にいる割合が高くなるのはどちらの県でも同じですが、群馬県の11日と12日に注目すると、実線が破線を上まわっています。これは、群馬県の人々に情報効果が働いたことを示すと考えられます。群馬県では、緊急事態宣言という政府の介入はこの時点では行われていません。しかし群馬県の人々は、大都市部や、おとなりの埼玉県で緊急事態宣言が発令されたという情報に接して、パンデミックに対する警戒心を大いに強めたのでしょう。そうして群馬県の人々は、自主的に行動を変化させたと解釈することができます。

このような分析を全国の都道府県について実施した結果、緊急事態宣言は、人々の外出を8・6％減らす効果があったということがわかりました。また、住んでいる都道府県で新型コロナウイルスの新規感染者数が1％増加すると、人々の外出は0・026％減少するという関係があることもわかりました。新規感染者数の増加という情報を得て、人々が自主的に外出を控えるということが、実際のデータによって裏づけられたのです。

日米の研究を比較してわかったこと

この結果は、政府による介入が効いたことを示しているように見えます。しかし、分析結果を精査した結果、外出減少の8・6％という数字は決して大きくないということがわかりました（詳細は巻末の参考文献にある藪友良教授との共著論文をご覧下さい）。

たとえば、東京都の人々は外出を半減させましたが、そうした行動変容のうち、介入効果で説明できるのは4分の1程度で、残りの4分の3は情報効果によるものだったということがわかりました。「政府に言われたから家にいよう」と考えた人よりも、自主的にステイホームを選択した人のほうが圧倒的に多かったのです。東京都以外の道府県に分析を拡張しても、この割合はおおむね同じでした。人々が行動を変えた主な要因は情報効果であったことの裏づけが得られたのです。

この結果を初めて目にしたとき、介入効果が弱いのは、緊急事態宣言がお願いベースのもので、法的拘束力がないからだと私たちは考えました。しかし、その後、海外から驚きの報告が飛び込んできます。米国のスマートフォン位置情報データを用いてシカゴ大学の研究チームが計測した結果によると、ロックダウンを受けて人々が外出を控えた度合いは約7％となっており、その効果は日本の結果（8・6％）とほぼ同じ水準で、日本と同じく小さなものだったのです。

法的拘束力のある措置をとった米国とお願いベースの措置の日本で人々の行動に与えた影響が同じオーダーだったという事実は、私たちにとって（そして分析結果を交換しあったシカゴの研究者たちにとっても）非常に衝撃的なものでした。日米の結果は、法的拘束力があろうとなかろうと、政府による介入にはそれまで信じられていたほどの神通力がなかったということを示しているからです。

これらの研究にはもうひとつ重要な一致点があります。それは、日米ともに人々は外出を半減させたこと、そして、その外出半減はもっぱら情報効果によるものだったということです。つまり、どちらの国でも、人々は政府に命じられたからステイホームしたわけではなく、自ら情報を入手し、それを踏まえて自分で考え、自主的に行動を変化させたのです。

みなさんがよくご存じのように、日本人と米国人は国民性が大きく異なります。社会の成り立ちや政治の仕組みもずいぶんと違います。実際、そういう違いがあるからこそ、感染症の出現に対する政府の対応も大きく異なったわけです。

しかし、そうしたもろもろの違いがあったにもかかわらず、日米の市民が同じ程度の外出抑制を行い、しかもそれが自発的なものだったという事実をどう解釈すればよいのでしょうか。私は、「恐怖心」という言葉が鍵だと考えました。感染者や死亡者の増加という情報に接すると、人々の心の中で「死ぬ可能性をもった感染症が自分にも迫っている」という恐怖心に駆られます。それが外出抑制につながったという見立てです。これはみなさんの当時の感覚に照らして、十分納得していただけるのではないかと思います。

伝播したのは恐怖心だった

この見立ての大事なポイントは、その恐怖心は、どこの国の人でも同じということです。実際、スマートフォンの位置情報データを用いた日米以外の研究でも、同様の結果が報告されています。パンデミックは人類とウイルスの戦争とも言われますが、当然のことながら、ウイルスの前では国籍は意味をもちません。どの国籍の人も等しく恐怖心をもち、等しく行動を変容させました。だからどこの国でも等しく経済が停滞したのです。

先ほど述べたとおり、健康被害は国によって大きなばらつきがあり、その差は最大で1

万倍ほどもありました。それに対して、経済被害はどの国でもほぼ同じ程度と言ってもよいほど、小さなばらつきに収まっています。この事実も、経済被害の根っこにあるのが恐怖心と考えれば、理解しやすいと思います。

金融と貿易のグローバルなつながりを通じて、ある国の危機が別の国へと世界中に伝播したのがリーマンショックだったということは、先ほど述べました。今回は、そうした経済面での伝播はありませんでした。では何が伝播したのかと言えば、それは恐怖心です。ある国の人々が抱いた恐怖心が別の国の人々へ、それがまた別の国の人々へと、次々と伝播した結果、全世界が連動して経済停滞におちいったのです。

情報通信技術が高度に発達した現代においては、世界中の出来事がリアルタイムで報道されるのみならず、誰もが自由に情報を得たり発信したりすることができるようになりました。こうしたメディア環境は、世界各国の人々に共通して情報効果が働き、世界中の人々が同じように行動を変容させ得る条件を用意しました。そこにパンデミックが発生し、恐怖心が世界中に伝播し、同じ規模の経済被害を各国にもたらした——このように私は考えています。これは、スペイン風邪が発生した１００年前と現代とで、大きく異なる点です。この恐怖心というファクターは、パンデミックの影響を考えるうえで、きわめて重要なものだと私は考えています。

今から振り返ると、私はパンデミック1年目の混乱期に、唯一の似た事象としてスペイン風邪を思索の拠りどころとしました。100年前と今は同じではないことは、そのときも重々承知していたつもりです。しかし、やはり重大な見過ごしがありました。

ひとつは医学の発達です。疫病で犠牲者が大量に出て働き手が不足するということは現代では起こり得ないのです。もうひとつは情報通信技術の発達です。世界の片隅で何人かの犠牲者が出ればそのニュースがたちどころに世界を駆けめぐり、明日は自分の身に同じことが起きるかもしれないという恐怖心が芽生えるのです。

医学の進歩は経済被害を減らす。他方で情報通信技術の進歩は経済被害を増やす。当時の私の理解を大きく超えるところで、技術の進歩と経済被害は、緊密かつ複雑につながっていたのです。

4・そしてインフレがやってきた

予想外のインフレ

パンデミックの1年目である2020年は、恐怖心による人々の行動変容が生じ、対面型サービスへの需要が落ち込んだ結果、各国でＧＤＰが低下しました。そのため、専門家の多くは、「パンデミックはインフレ率を引き下げる効果をもつ」と考えるようになりました。これは長年のデフレに苦しんでいた日本だけではなく、米国でも同じようにとらえられていました。

図２－４は日本と米国の経済予測のプロフェッショナルたちが、ＧＤＰとＣＰＩ（消費者物価指数）の見通しをどのように変化させたか、月ごとの推移を示しています（横軸はその予測がどの時点でなされたかを示しています）。予測対象期間は２０２０～21年です。２０２０年初めから5月ごろにかけて、日米ともにプロたちの見通しが急速に悪化したことがわかります。たいへん興味深いことに、当時のＣＰＩ見通しの低下幅は日本でも米国でも０・８％ポイント程度で、ほぼ同じでした。パンデミック１年目の経済被害がどこの国でも同じだったという先ほどの事実と同根です。

ところが、２０２０年9月になると、米国の予測のプロたちはインフレ率の予測を上方修正するようになります（図２－４下図）。いまになって振り返ると、これは明らかにその後に到来するインフレの兆しだとわかるのですが、米国Ｆｅｄはじめ多くの関係者は、そのことに十分な注意を払うことができませんでした。

米国の予測のプロたちはその後も見通しの上方修正を続け、２０２１年5月には２％を超え、さらに２０２１年の12月には３％に近いインフレを予測するようになりました（ただし、日本ではプロたちの予測は感染初期に大幅に悪化したところまでは米国と同じでしたが、その後０％前後で膠着状態となっており、米国とは明らかに異なっています。この日本のデフレ傾向については、第４章であらためて取り上げます）。

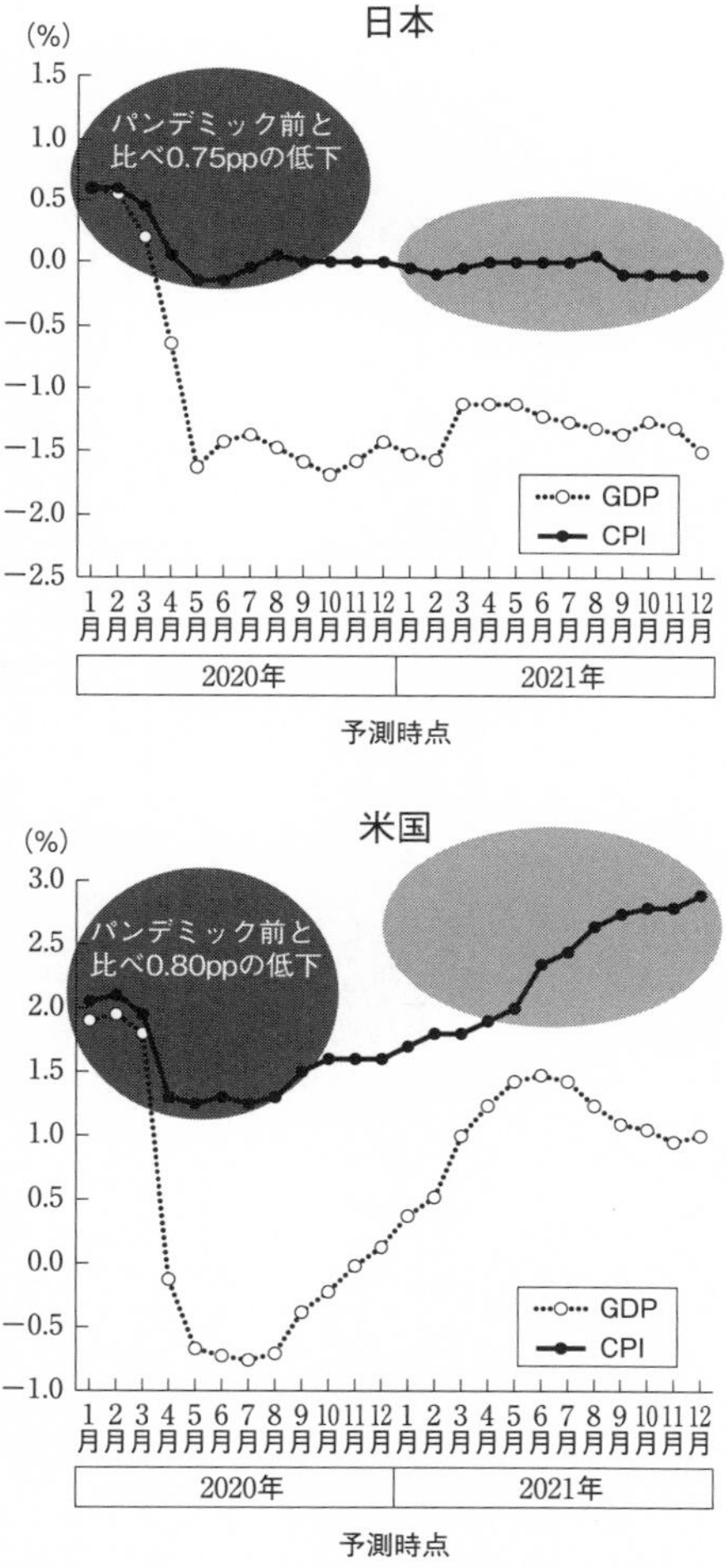

図2-4　パンデミック1・2年目のGDPとCPI

今回のインフレは100年前と同じではない

米国のプロフェッショナルたちは、2020年1月の時点では約2%のインフレを予測していました。この時点ではまだ新型コロナウイルスの感染拡大は本格化していなかったので、この予測はパンデミック前の予測とみなすことができます。2021年12月時点の予測値が約3%に達しているということは、パンデミック前に見込んでいたよりも高いインフレを、プロたちが予測していたということです。これは、パンデミック初期にインフレ率が低下して、その後にリバウンドが生じたというような単純な話ではありません。パンデミック前にはなかったインフレ要因が新たに登場してきたことを意味しています。

インフレが起こったこと自体は、私が2020年4月の雑誌の寄稿で予測したとおりです。しかし、前述のとおり、犠牲者の数は100年前のスペイン風邪に遠く及びません。ですから、労働力が棄損したわけでも、それが原因でインフレが起こっているわけでもありません。

つまり、インフレはインフレでも、100年前と今回とでは、異なる仕組みによって引き起こされているのです。それでは、その仕組みとは何だろうかと、私はふたたび考え込みました。

私たちは消費者であり労働者である

ここであらためて注目したのが「恐怖心」です。

先ほどの話は、消費者の恐怖心が世界に伝播したということでした。パンデミック1年目に各国の消費者は感染への恐怖心をもち、それが対面型サービスへの需要を減らし、GDPを低下させ、最終的にはインフレ率を低下させたというストーリーです。この仮説はスマートフォンのデータを用いた研究によって検証することができたので、これが経済被害の正体だと、私は確信していました。

しかし、その研究を進めていたとき、また別のことについても気になっていました。スマホの位置情報のデータが曜日によってまったく違った動きをすることに気づいたのです。

当たり前の話ですが、週末や休日は人々は家にいることが多く、スマホも家に置いてあるのが普通です。その反対に平日にスマホが家に置いてあることは稀です。パンデミック前のデータからはこの違いがはっきり見えますし、パンデミックが始まってもある程度は違いがありました。私たちは平日には主として労働者として活動し、週末は消費者として活動します。私たちは労働者と消費者という2つの顔をもっており、曜日によってそれを使い分けていることがスマホの位置情報というデータに反映されているというのは、とても自然な理解です。

そのときの私たちの研究は、消費者の恐怖心に焦点をあて、消費者の行動変容が経済に及ぼす影響を見ようとするものでした。そのため自然と、私はもっぱら「週末のスマホがどこにあるか」ということにのみ注意を向けました。そして、この観点を徹底させるために、平日のスマホのデータは分析にあたって捨象していました。私が引っ掛かっていたのはこの点です。すべての人々がもつもうひとつの大事な顔、つまり労働者としての顔を無視してしまっていいのだろうかという疑問が、頭をもたげてきました。

当たり前ですが、消費者も労働者も等しく人類です。人類はウイルスを怖がる。それが人々の行動変容を引き起こす。この理解に立てば、恐怖心をもつのは消費者だけでなく、労働者も同じです。そうであるならば、労働者も何らかの行動変容をするはずです。

たとえば感染者数が増えているとき、多くの人はウイルスが怖いので居酒屋に行くのを控えます。これは消費者としての選択です。このとき、居酒屋で働く人の立場からは違った景色が見えてきます。居酒屋の従業員はさまざまなバックグラウンドをもつ来店者に応対しなければなりません。お客さんのほうは、店に行くのは週に一度とか月に一度の頻度であり、毎回の滞在時間もおのずから限定されます。ですが、従業員はそうはいきません。日々営業時間中、ずっと店にいて接客しなければならないのです。

このように考えると、従業員の恐怖心は客の恐怖心の比ではないであろうことに気づきます。消費者が恐怖心から行動を変えたのであるならば、より大きな恐怖にさらされる労働者は、さらにドラスティックな行動変容をするのではないだろうかと、私は思い至りました。

「大離職時代」の到来か？

そうしているうち、米国で自発的な離職が増えているというニュースに接しました。自発的な離職というのは、雇い主から解雇されるというのではなく、労働者の側が自分から職場を去るということです。そうした例が増えていることを、雇用関連の統計データが示しているというのです。

米国では、パンデミック初期の景気悪化期に解雇やレイオフ（一時帰休）が急増しましたが、経済再開が進むうちに次第に求人は回復していました。ところが、それにもかかわらず人々が労働の現場に戻ってこないというのです。それを聞いた私は、これこそが労働者の行動変容なのではないかと考えました。

職場に戻らない労働者たちの背景には、さまざまな事情があります。たとえば、米国では多くの移民が働いていますが、感染の厳しい時期に母国に戻った人がそのまま帰ってこないということがあるようです。あるいは、退職を早める人も増えているようです。米国では日本のような定年制は一般的でなく、それぞれの人生設計や事情に基づいて、退職する時期を自分で決めるのが普通ですが、パンデミック以前に予定していた時期を早めて退職する人が増えているというのです。

こうした自発的離職の増大は「Great Resignation（グレート・レジグネーション＝大離職）」、または「Great Retirement（グレート・リタイアメント＝大退職）」と呼ばれています（ここでも「グレート」が冠されています）。

図2－4に示した、パンデミック2年目の米国のインフレは、これで説明がつくのではないかと私は思っています。つまり、経済再開で労働に対する需要が増加するなか、自発的離職が増えるので人手不足が起こる。人手が足りないのでモノやサービスの生産が十分にできず、供給不足におちいる——こうしてインフレがもたらされたのです。

正反対に作用する恐怖心

パンデミック1年目と2年目に起こったことについて、現時点での私の理解は次のように整理できます。

人類は等しくウイルスに対する恐怖心をもちます。そこに日本人と米国人、消費者と労働者の区別はありません。そして恐怖心は人々の行動を変化させます。しかも、この行動変容は「同期」しているがゆえに、経済全体にきわめて大きなインパクトをもたらします（同期については第1章での議論を思い出してください）。その最たるものが、物価の変動です。

消費者の恐怖心は物価を下げる方向に作用するのに対して、労働者の恐怖心は物価を上げる方向に作用します（**図2－5**）。つまり、正反対の効果があるのです。

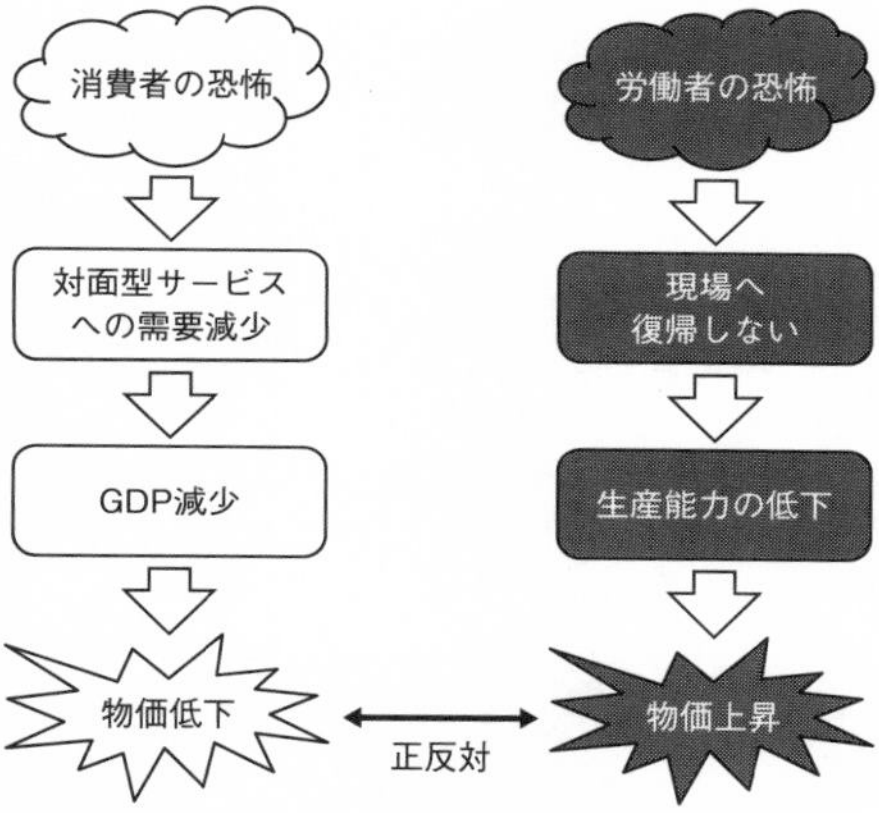

図2-5　恐怖心が物価に及ぼす影響

正反対になるのは、消費者の恐怖心は需要に影響を与えるのに対して、労働者の恐怖心は供給に影響を与えるからです。米国のインフレ率は、パンデミック1年目は低下、2年目は上昇と、ジェットコースターのように動いたと指摘されています。これは私たちがもつ消費者と労働者という2つの顔が、それぞれ別の反応を示したことの結果だと私は考えています。

さて、2022年現在、パンデミックが始まってから3年目となりました。感染が完全に収束したとは言い難い状況が続いてはいますが、それでもワクチンは普及し、治療薬も開発され使用されてきています。感染で命を落とすのではないかという初期のころの恐怖心は、だいぶ和らいだように思います。パンデミックもようやく終盤に入ってきたと多くの方が感じているのではないでしょうか。

本章での私の主張は、パンデミックが経済活動に影響した経路において感染への恐怖心が大きく作用したということでした。常識的に考えるならば、感染が収束に向かえば恐怖心も消えていくはずです。そうなれば経済活動もすべて元どおりになるはずです。

パンデミック3年目の「傷跡効果」

しかし本当にそうでしょうか。その見方に異論をさしはさむ余地はない――1年前の私であれば、迷わずそう答えていたと思います。Ｆｅｄのエコノミストたちも、難しい理屈をこねまわしながらも本音のところでは、「感染さえ収束すれば経済は元に戻る」と当時は信じていたことでしょう。だからこそ、「インフレは一過性」という見方に拘ったのだろうと思います。

しかし、その後も経済はパンデミック以前の状態に戻ってはいません。その象徴がインフレであり、しかもそれは高い水準のまま続いています。この現実を受け止めるなら、「感染が収束すれば恐怖心も消滅し経済は元どおり」という見方がナイーブに過ぎたと考えるべきなのかもしれません。

東日本大震災のときも、地震と津波という自然現象自体は、しばらく続いた余震をのぞけば2011年のうちに終わっています。しかし福島第一原子力発電所事故をはじめ、社会インフラが受けたダメージはそうすぐには元に戻ってはいません。人々の生活は震災前と同じ状態に戻るどころか、今なお震災の影響を強く受けており、完全に元に戻る展望は描けていません。東日本大震災の例は、出来事(地震や疫病)そのものが終わっても、その影響を受けてしまった人々の生活は元に戻らないという現実を、私たちに突きつけています。

出来事が終わっても、社会には何らかの「傷跡」が残る。これを経済学では「傷跡効果」と呼んでいます。たとえば、いったん失業を経験すると、ふたたび職を得られた後も、その人の働き方はそれ以前と大きく異なることが知られています。失業の際の厳しい体験の記憶が脳裏を離れず、それが働き方に影響するのでしょう。また、多感な年齢の時期に大きな不況を経験した人たちは、不況が終わった後でも、そうした経験のない人と異なる行動をとることが知られています。

ではパンデミックに傷跡効果があるとすれば、傷跡はどこにあるのでしょうか。その傷跡はどのように人々の行動に影響を及ぼしているのでしょうか。地震であれば社会インフラや企業の機械設備が棄損するので、それが傷跡です。戦争の傷跡も誰の目にも明らかです。しかし先ほども述べたとおり、パンデミックは社会インフラや機械設備を壊したわけではありません。労働力の甚大な損失が起きたわけでもありません。いったい傷跡はどこにあるのでしょうか。次章ではこの点を詳しく見ていくことにしましょう。

第3章　「後遺症」としての世界インフレ

1・世界は変わりつつある

パンデミック後の光景から

新型コロナウイルスのパンデミックによって、私たちのものの感じ方や生活の仕方、習慣は、確実に変化しています。それを象徴するような光景が、２０２２年7月12日の「朝日新聞」夕刊の記事で描かれていました。以下にその要約を紹介します。

平日の午後、地下鉄の車内でのことです。シートに座っている乗客は、自然と1席ずつ間をあけて座っていました。すると、年配の女性の乗客が突然、すぐ隣に座っている男性に対して声をかけたのです。

「もう少し、広く使いませんか」

女性は7人がけのシートの端に座っていました。すぐ隣に、スマートフォンに集中する若い男性が座っており、その反対側には2席空いていました。女性は男性に対して、1席ずれて座ってほしいと伝えたかったのです。

言葉の意味が理解できない様子の男性に対して、女性は男性の隣の空席に視線を向けて「こういう時期ですし」と言葉を重ねました。男性は意味を理解して1席ずれたのですが、納得できなかったのでしょう。次の駅に着いたとき、「どこに座るかは自由じゃないですかね」と女性に告げて、電車を降りていったそうです。

女性は、感染が怖かったわけではないと言います。ただ、コロナで距離をあけようというルールがつくられたのだから、わざわざ密着して座らなくてもいいのではないかという思いが、口をついて出たそうです。

気になりますか?
電車内の人の距離
地下鉄でやりとりがあった
乗客2人の座席位置
もう少し、広く
使いませんか?

図3-1　朝日新聞記事「電車内の人の距離」

この記事を読んで、これほどまでにソーシャル・ディスタンスが人々の心に定着しているのかと印象に残りました。夕刊の1面で取り上げられたのも、新聞社の人々が女性の感覚に共感し、読者もそうだろうと考えたからでしょう。その一方で、隣に座っていた男性は、ソーシャル・ディスタンスという意識がそれほど強くなかったのですから、人によってその受け入れの程度に濃淡があるということも、ここには示されています。パンデミックを契機として私たちの感覚や行動が変化してきている、その転換期にいるということを、この記事は雄弁に物語っていました。

米国や欧州も、日本と同じように、パンデミックをきっかけに「他者と一定以上の距離をとる」社会へと移行しました。外出した際に利用するお店で店員との距離感が気になったり、仕事場でも同僚との距離を保つよう立ち位置や手順が決められていたりというように、生活の隅々までソーシャル・ディスタンスが浸透しています。

「密」をほどいていく時代へ

振り返れば、パンデミック以前は「密」になることのメリットを世界規模で追求する社会でした。経済における「グローバリゼーション」という現象はその典型です。米国のスマートフォンメーカーと中国の組み立て工場とが、1万キロという遠い距離を隔てて協力関係をもつことに、私たちは何ら疑問を抱いていませんでした。生産効率を上げるために、ITと物流の技術を駆使して距離を克服し、「密」になってやっていこうという取り組みこそが、グローバリゼーションの核心でした。

ところがパンデミックが始まると「密」を作らないよう、個々人に求められるようになります。米国のスマホメーカーのオフィスでも、中国の組み立て工場でも、「密」を回避するようになった結果、生産効率がたちまち悪くなりました。両者をつないでいた物流の現場における人手不足が、弱り目をさらに突いてきます。部品を中国の組み立て工場に搬入することや、組み立てたものを海外に運び出すのに、以前とは比較にならないほどの長い時間と、高い費用がかかるようになりました。国を隔てたビジネスパートナー同士が、距離を克服して「密」になろうとすること自体が難しくなったのです。このような摩擦を経験しながら、私たちはパンデミックの時代にふさわしい新しい距離感に適応するように、考え方や行動を調節しはじめました。

私たちは、「消費者」と「労働者」という2つの顔を使い分けながら生活しています。そして、私たちは、「企業」の活動に深く関与しています。消費者、労働者、そして企業という三者が、それぞれの立場で、新しい距離感に適応するために日々行動を調節していま す。このような「行動変容」を積み重ねながら、私たちはパンデミックの下で、新しい世界に向けて歩みを進めています。

その新しい世界とはどうやら、さまざまなモノやサービスの価格が変わりながら、物価が近年にない勢いで上昇していく世界であることがわかってきました。

2・中央銀行はいかにしてインフレを制御できるようになったか

1970年代のインフレと似ている？

新しい世界ということをいま述べましたが、現在進行しているインフレについて、むしろ過去の事例の再来であるという見方があります。各種メディアでは、1970年代に発生したインフレとの類似がさかんに言われているので、そうした解説を見聞きした方も多いかと思います。

当時のインフレは、米国では「Great Inflation（グレート・インフレーション）」、日本では「狂乱物価」と呼ばれ、米国ではCPI（消費者物価指数）上昇率が15%（1980年）、日本では25%（1974年）と、きわめて急激な物価上昇が起こり、それぞれの社会に大きな混乱をもたらしました。半世紀も前の話なので実際に経験した人は多くないのかもしれませんが、大きなインフレが起こったのはこれが最後なので、引きあいに出されるのは自然なことです。

しかしながら、当時と今回とでは、決定的に違うポイントがあります。そしてより大きな問題は、当時のインフレを鎮圧するために打たれた対策と、その経験から得られた物価理論の知見が、今回のインフレではうまく機能していないことです。それらのことを理解していただくために、これまで中央銀行がインフレをどのようにして制御してきたか、その歴史をまずは簡単に見ていきたいと思います。

インフレは原油高ではなく人々の「予想」が引き起こす

まず、1970年代のインフレがどのようにして起こったのかを見てみましょう。たしかに、当時と現在の状況を比較すると、似かよっていると言えます。とりわけ、1973年には第四次中東戦争、79年にはイラン革命が勃発し、それぞれ第一次オイルショック、第二次オイルショックと呼ばれる原油価格の高騰を引き起こしました。このことからは、ロシアによるウクライナ侵攻とそれによる原油高が自然と連想されます。

しかし、1970年代に起こったインフレの主犯が原油価格の上昇ではなかったことは、はっきりと確認されています。小宮隆太郎氏（東京大学名誉教授）の指摘によると、オイルショック発生の前夜、すでに日本の消費者物価が14％もの上昇をみせていました。つまり、原油高が起こる前に、すでにインフレは起こっていたのです。

すでに物価が上がっていたところに、さらに原油価格上昇が発生したとき、人々は今後さまざまな商品の価格がさらに上がっていくだろうと予想しました。そしてトイレットペーパーをはじめとするさまざまな商品を値段が上がる前に確保しようと買い溜めが起こり、その結果としてインフレが加速してしまったのです。小宮教授は、「石油危機以前からのインフレの高進が、人々の間に強くかつ根強いインフレ予想と将来の供給不足の心配を生み出しており、その傾向が石油危機によっていっそう強められた」と指摘しています。

２０２２年夏現在、５年、10年先までの中長期的なインフレ予想は、米国でも欧州でも多少は上がっていますが、まずは安定圏内です。まさにこの点において、１９７０年代の状況とは決定的に異なっていると、私たち研究者や中央銀行の専門家たちは見ています。

人々のインフレ予想は、物価の動きを決めるメカニズムの核心です。そして、インフレの制御とはインフレ予想の制御にほかなりません。このことは、現代の物価理論のイロハとして教科書に書いてあります（この点に関心のある方は拙著『物価とは何か』〔講談社選書メチエ〕をご覧ください）。しかしここで強調しておきたいのは、こういう認識をもつに至ったのは比較的最近のことで、１９７０年代当時は、経済学者も中央銀行の専門家たちもその認識をもっていなかったということです。インフレ予想という、いわばインフレ制御の「ツボ」は、１９７０年代の失敗とその反省を経て発見されたものなのです。

かつて「インフレを制御する」という発想はなかった

2022年のいま、各国の中央銀行は利上げを行い、インフレの勢いを冷やすように努めています。では、1970年代に物価が上昇しはじめたとき、当時の米国Fedも利上げで沈静化を図ったでしょうか？　実は、現代の常識からは信じられないことですが、当時の中央銀行は自らの政策でインフレを止められるとは考えていませんでした。

1970年から78年までFedの議長を務めたアーサー・バーンズは、景気循環などの研究で知られる著名な経済学者でもありました。バーンズは、インフレに対抗するために中央銀行ができることはあまりないと考えていた節があります。

インフレが起こる要因として彼が重視していたのは、穀物の不作、労働組合の交渉力と企業の市場支配力それぞれが過度に強まったことなど、主に企業のコストに関わる部分です。コストが上がるから企業は値上げをする、だからインフレを抑えるにはコストを下げるしかない、彼はこう考えていたのです。しかし、中央銀行は穀物の不作を防げるわけではありません。企業と労組の交渉に口をはさむこともできません。つまり、中央銀行はコストを制御することはできないのです。だから彼は、インフレになっても中央銀行の出番はないと考えたわけです。

ブレトンウッズ体制

１９７０年代のインフレの背景にはもうひとつ不幸な事情がありました。それは為替レートを取り巻く制度の大きな変化です。第二次世界大戦が終わる直前の１９４４年7月、米国東北部の山あいの町ブレトンウッズにジョン・メイナード・ケインズをはじめとする当時の有力な学者と実務家が集まり、戦後の国際通貨体制を決める会議が開かれました。ここで決まった為替レートの制度が、ブレトンウッズ体制です。日本から見るとこれは固定相場制です。為替レートが１ドル＝３６０円に固定され、いっさい変動しなかった時代をご記憶の方もいるかもしれません。

この制度は、米国にとっては金本位制という側面がありました。この体制の下での米国Ｆｅｄの仕事は、金とドルの交換比率を１オンス＝35ドルという定められた値に保つこと、つまり、市中がその比率で金をもっと欲しいと言ってくれば金を放出し（ドルの流通量は減る）、その反対に市中の金需要が弱まればだぶついた金を吸収する（ドルの流通量は増える）ことでした。ドルの流通量を増やすにしても減らすにしても市中の金需要次第なので、中央銀行は完全に受け身であり、難しい判断は不要です。誰にでもできる機械的なオペレーションでした。インフレ率を安定させるために金融引き締めや緩和を裁量的に行うという発想が出てくる余地は、このときはまったくありませんでした。

金という錨を失った通貨たち

ところが、1971年に当時のニクソン大統領が金とドルの交換はもう行わないと宣言したことで、ブレトンウッズ体制は崩壊してしまいます（この出来事は「ニクソンショック」と呼ばれています）。米国の貿易赤字が巨額になり、貿易相手国に大量の金が流出してしまったからです。ここで、世界経済は大きな困難に直面することになります。何が問題だったかと言うと、金と米ドルとのリンクが切れてしまったことです。米ドルと他の通貨、たとえば円とは、1ドル＝360円というレートで結びつけられていたので、円も間接的に金と結びついていました。ニクソンショックはそのつながりも断ってしまったのです。

通貨の価値を安定させる装置を「ノミナルアンカー」と呼びます。「ノミナル」とは、ドルや円など、通貨表示のことです（日本語では「名目」と訳されています）。「アンカー」は錨のことで、通貨の価値をつなぎとめるものという意味です。海に出た船は、錨をなくしてしまえばひとつの場所にとどまることはできず、漂流してしまいます。これと同じように、金というノミナルアンカーがはずれたことで、通貨の価値はどこまでも漂流してしまうこととなったのです。

通貨の価値とは、たとえばドルと商品の交換比率、つまり物価です。通貨の価値が漂流するというのは、物価がどこへともなく漂流してしまうこと、物価が不安定化することを意味します。

アンカーがなくなって物価が漂流するとは、具体的にはどういうことでしょうか。ひとことで言えば、物価が人々の気分次第で変動するという事態になります。物価がこれから上がると人々が思えば、早めに買っておかないと損をしてしまうので、人々は慌てて買い物をします。つまり需要が増えるわけなので、その結果、物価は上がります。人々が物価上昇を予想したことが原因で実際に物価上昇が起こってしまうのです。その反対に、人々がこれからは物価が下がると予想すれば、その予想も同じ仕組みで実現してしまいます。

1970年代の高インフレは起こるべくして起きた

米国Fedが1オンス＝35ドルを維持すべく金の売り買いのオペレーションを行うというのは、お役所の退屈なルーティンのようにしか見えません（実際のところ、退屈な仕事だったろうと想像します）。しかしこのルーティンこそがノミナルアンカーを創り出し、それが物価の漂流を防いでいたのです。ニクソン大統領はそれをぶち壊してしまったのです。

しかも具合の悪いことに、ニクソン大統領は金本位を壊しただけで、それに代わるノミナルアンカーを創るということはしませんでした。そのため、ニクソンショックからしばらくのあいだ、米ドルと世界の通貨は、ノミナルアンカーを欠いたまま漂流の旅に出てしまったのです。

第四次中東戦争で原油価格の高騰が始まる前夜、米国がどういう状況にあったかと言えば、大切なノミナルアンカーを失い、その代替物もない、そして、肝心のFｅｄ議長は金融政策で物価を安定させるという意識に乏しいという有り様でした。不幸にして、人々のインフレ予想を不安定化させる条件が揃ってしまっていたのです。１９７０年代の激しいインフレは、起こるべくして起こったと言えます。

事態が収拾に向かったのは、１９７９年にポール・ボルカーがFｅｄ議長に就任してからのことです。ボルカーは、ひたすら金利を上げ続けました。彼が就任した79年8月、米国の金利は11％台でした。それからわずか8ヵ月のあいだに、それを一気に9％ポイント引き上げる利上げを行います。２０２２年の今も利上げの局面ですが、年初に始まった利上げの幅は3％ポイントです。ボルカーの引き締めがいかに大胆だったか、わかると思います。

ボルカーの金融引き締めで、インフレは何とか収まりました。しかし、その代償は大変大きなものでした。金融を引き締めれば企業は設備投資を控え、家計は住宅や耐久財（自動車や家電製品など）の購入を控えるようになります。こうした需要の急速な収縮は価格上昇に歯止めをかける一方で、企業の労働需要を冷え込ませ、大量の失業者を発生させました（失業率は10％超）。つまりボルカーは、大量の失業という犠牲を払うことで、ようやくインフレ抑制を達成できたのです。

経済学者たちの半世紀をかけたリベンジ

１９７０年代のインフレは、米国だけでなく日本や欧州諸国も襲いました。そしてどこの国もインフレ収束のために大量の失業という大きな犠牲を払わされました。そのことを重く受け止めた経済学者と中央銀行の政策担当者たちは、どうすればこの悪夢のようなインフレを繰り返さないですむか知恵を絞りました。

１９７０年代のインフレが、人々のインフレ予想の揺らぎによって起こったことは明らかです。そこで、人々のインフレ予想はどういう状況で揺らぐのか、そもそも人々のインフレ予想はどのようにして形成されるのかという、インフレ予想の理論化に多くの経済学者たちは取り組みました。

また、インフレ予想の不用意な揺れを防ぐにはしっかりしたノミナルアンカーが必要なことも、１９７０年代の経験から得られた大事な教訓です。どんなノミナルアンカーが望ましいのか、ふたたび金本位制に戻すことを考えるべきなのか、それともほかに手立てがあるのか——これらの点についても、経済学者と実務家が知見を積み重ねていきました。

さらには、インフレの芽が出てきたときに中央銀行に何ができるのか、どのような政策運営をすれば事が大きくなる前にインフレの芽を摘むことができるのかという点についても、中央銀行の政策担当者たちは知恵をしぼりました。

今から振り返ると、1970年代の失敗以降の半世紀にわたって、経済学者と中央銀行の専門家たちが全力で取り組んできたのは、あの失敗にどうやってリベンジするかということだったように思います。そしてその集大成として得られたのが、中央銀行の「独立性」と「透明性」でした。

中央銀行に独立性をもたせるということは、彼らのもっとも重要な任務を「物価の安定」と定めるということにほかなりません。たとえば、政治家や政府（とくに財政当局）は、物価の安定よりも景気浮揚のほうが大事と考えて、中央銀行に金利を上げさせないように圧力をかけてくるかもしれません。そうした外部からの雑音に惑わされることなく、中央銀行が物価安定に専心できるような法制度を整備するというのが、独立性を付与するということの意味です。先ほどふれたバーンズ議長時代のＦｅｄのように中央銀行が当事者意識を欠いてしまうのは問題外として、物価安定に邁進しようとする中央銀行の自律性を法制度面で担保しようということです。

透明性とは、中央銀行から人々（消費者や企業経営者）に向けて情報発信をするということです。中央銀行が物価安定に専心するのはよいとして、それを黙々と行っていたのでは、人々がそのことを認識できません。人々が認識してくれなければ、人々のインフレ予想を中央銀行が制御することも不可能です。インフレ予想の制御という、1970年代に学んだもっとも大事な教訓をかたちにしたものが、透明性なのです。

過去半世紀にわたって経済学者と中央銀行の政策担当者たちが何を学び、それをどのようなかたちで現実の制度として結実させてきたかについては、拙著『物価とは何か』に詳しく書きました。ご関心のある方はぜひご参照ください。

「インフレターゲティング」という発明

中央銀行の「独立性」と「透明性」を実際の制度として結実させたもの、それが「インフレターゲティング」です。インフレターゲティングとは、中央銀行がインフレ率の目標値をあらかじめ定めたうえで、それを公表し、その実現を国民に対し約束するというものです。1990年にニュージーランド中央銀行が導入したのを嚆矢《こうし》として、米国や欧州、日本など主要国の中央銀行が導入済みです。

インフレの目標値を公表し約束することにより、政治家や政府が中央銀行の政策に口出しすることが難しくなります。つまり独立性が担保されます。また、国民に対して目標を公表し約束することで、中央銀行が何をしようとしているのか国民は知ることができます。つまり透明性です。

インフレ率の目標値は多くの国で2％に設定されています。もし実際のインフレ率がこれを大きく超えたとしたら、人々は「中央銀行はインフレ率を2％まで下げるために利上げなどの金融引き締めを行うに違いない」と考えます。逆に、実際のインフレ率が目標値を下まわれば、「中央銀行は金融緩和でインフレ率を引き上げるだろう」と人々は予想します。このようにして、目標値が公表されることで、足元のインフレ率がそこから多少乖離しても、いずれそこに収斂していくだろうという予想が生まれます。つまり、公表された目標値は、ニクソンショック前の米国で「1オンス＝35ドル」が果たしていたのと同じように、ノミナルアンカーの役割を果たしてくれるのです。

2022年、インフレ予想は落ち着いている

ここまで、1970年代のインフレの背景と、その後の経済学者たちのリベンジについて駆け足で見てきました。それらを踏まえて、2022年に何が起こったのか、あらためてデータを見ながら考えてみましょう。

まず、インフレ予想はどうなっているでしょうか。米国のインフレ率は、2022年8

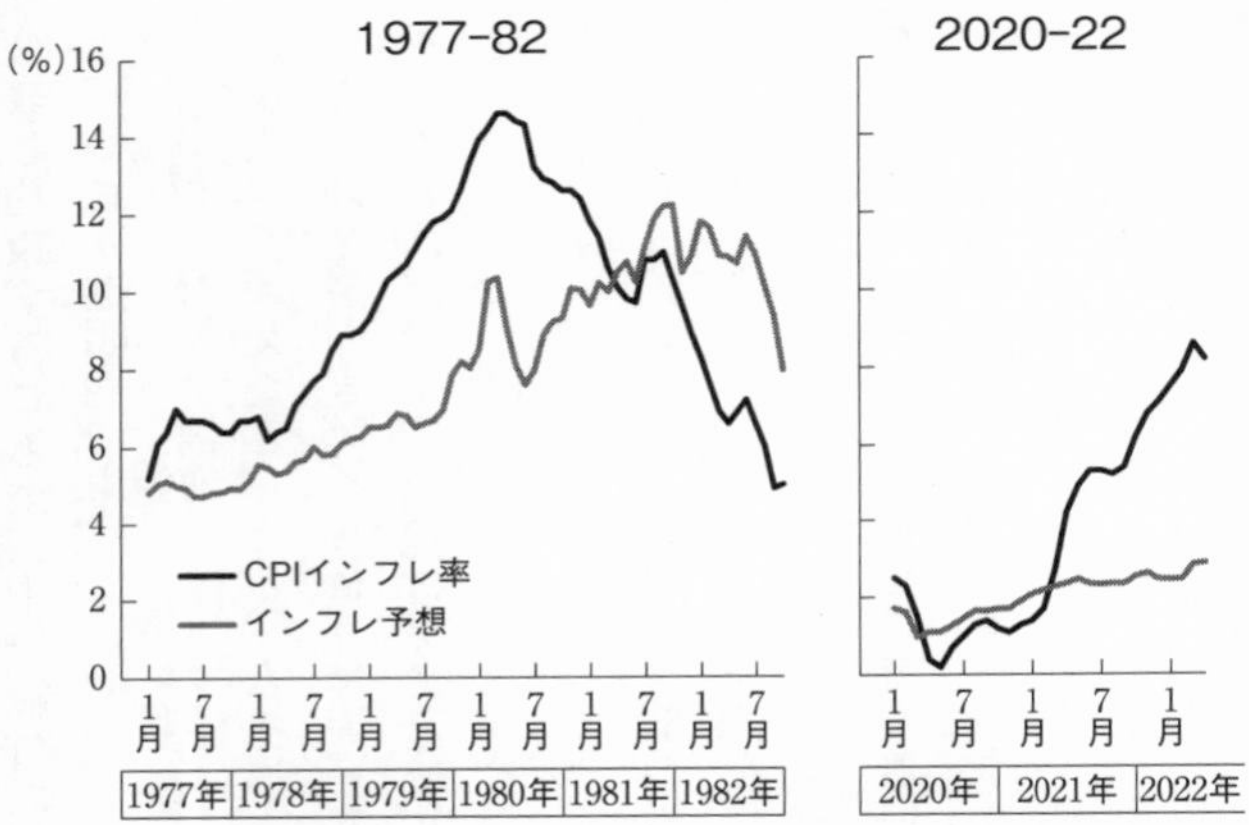

図3-2　1970年代の「大インフレ期」との比較

月現在で9％を超えており、これにつれて短期のインフレ予想（たとえば、目先1年間でインフレ率がどうなるか）も高くなっています。

ですが、もう少し長い目で見たときのインフレ率、たとえばこの先5年間のインフレ率がどうなるかという予想値は、2・5％程度と落ち着いています（図3－2の右図）。5年間のうちに高インフレは終わるだろうと米国の人々は予想しているということです。なぜインフレが収束すると予想するかと言えば、Ｆｅｄが適切に対処してくれるに違いないと考えているからです。米国のインフレターゲティングの目標値である「2％」がアンカーとして立派に機能しているのです。

1970年代のデータと比較すると、この点がより明瞭になります。図3－2の左図は

70年代のインフレ率とインフレ予想を示しています。インフレ率は今回よりもやや高めですが、それよりも違いが顕著なのはインフレ予想です。インフレ予想は70年代に不安定化し、その後12%まで上昇しました。ノミナルアンカーが不在で、インフレ予想が糸の切れた凧のように上昇してしまったというのは、このことを指しています。

では、なぜ物価上昇は止まらないのか?

今回の局面でインフレ予想が落ち着いているということは、間違いなく良いニュースです。しかし同時に、実は不吉なニュースでもあります。どういうことかと言うと、経済学者たちが半世紀をかけて築き上げてきた理解によれば、インフレ予想さえ安定させておけばインフレは起こらないはずなのです。しかしインフレは現に起こってしまっている、これをどう理解すればよいかが、まだわかっていないのです。

楽観的で、なおかつ現代の物価理論を信奉する人であれば、今回のインフレはちょっとした気の迷いのようなもので、いずれ自然に収まると主張することでしょう。たしかにそうかもしれないし、私もそうであってほしいと思います。しかし別の可能性としては、現代の物価理論が想定していないような事態がいま起こっているのかもしれません。そうだとすれば事態は深刻です。

1970年代の失敗を教訓として発展してきた理論が対象としてきたのは、需要が過度に増大した結果として生じるインフレでした。半世紀をかけて準備してきた処方箋も、そうした需要要因によるインフレに対処するためのものでした。しかし、前章で見たとおり、米国のインフレは労働供給の不足に起因しており、需要ではなく供給によって生じています。供給サイドが原因になって発生するインフレというのは、現代の物価理論の盲点です。

この盲点を踏まえて考え直したとき、その帰結はやや不吉なものとなります。しかし、もはやそこから目をそらすことを許さない状況となりつつあると言わざるを得ません。

3・見落とされていたファクター

神通力を失った「フィリップス曲線」

経済学者と中央銀行の専門家たちの理解の及ばない現象が、いままさに起こっているのかもしれない。そのことを端的に教えてくれるのが、第1章で紹介した「フィリップス曲線」です。

簡単におさらいすると、フィリップス曲線は横軸に失業率を、縦軸にインフレ率をとって毎月とか毎年のデータを置くと、右下がりの曲線が得られるというものでした。右下がりなので、失業率が上がればインフレ率は下がる、失業率が下がればインフレ率は上がるという関係になります。

フィリップス曲線は、経済学者たちの半世紀のリベンジにおいて中核をなす概念でした。詳細は省きますが、現代の物価理論でもっとも大事な式を1本選べと言われれば、経済学者の圧倒的多数がこの式を選ぶというくらい大事なのです。この関係式は、インフレ率がどのように決まるのかを理論化するときにも、また、中央銀行がインフレ抑制のために何をすべきかという政策の話をするときにも使われます。とにかく、インフレを議論する際の一丁目一番地の関係式なのです。それほどまでに大事なこの式が使い物にならないという、深刻な事態がいま起こっているのです。

図3－3は米国のフィリップス曲線です。横軸は失業率、縦軸はインフレ率で、２００7年1月から22年5月までの毎月のデータをプロットしたものです。インフレ率の指標としてはＦｅｄが政策運営に用いているＰＣＥデフレータ（食料品・エネルギーを除く）を使っています。丸い点が固まっている部分は、２００7年1月から２０２０年12月までのデータの集まりです。ここにはリーマンショック後の不況の時期も含まれますし、パンデミック初期の消費不況の時期も含まれます。

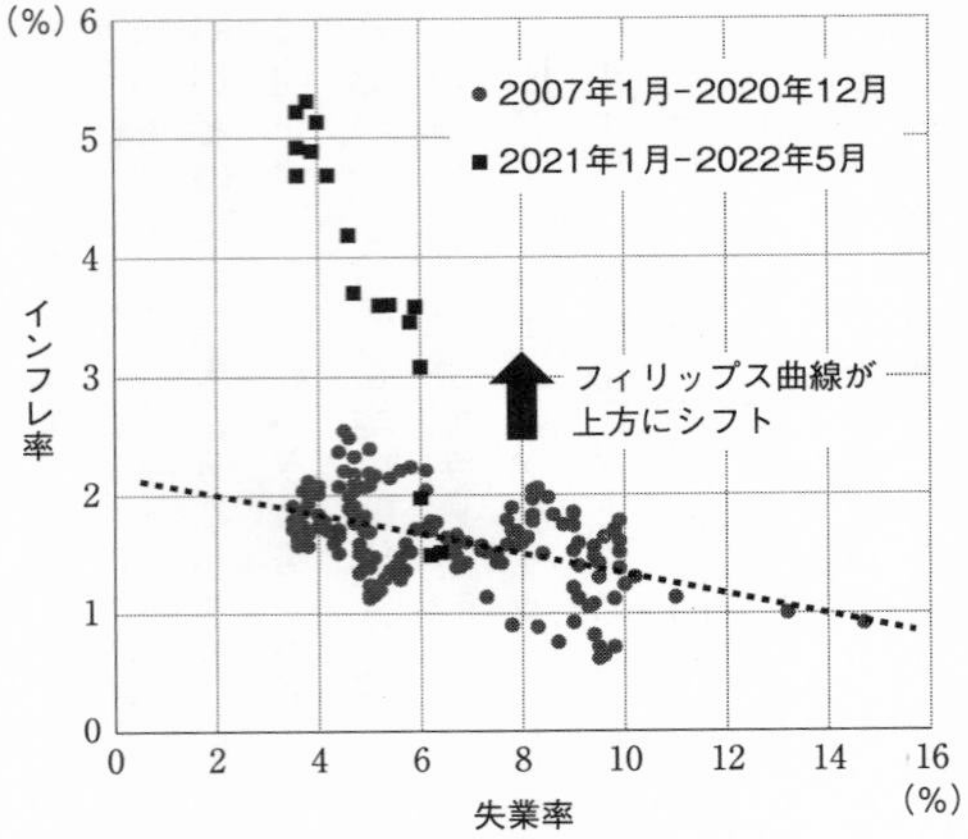

図3-3　米国のフィリップス曲線

これらを見ると、失業率が下がると物価が上がるという関係がはっきりと見てとれます。具体的には、失業率が1％下がるとインフレ率が約0・1％上がるという関係が成り立っています（破線はその関係を示しています）。

失業率1％に対してインフレ率0・1％というのは歴史的に見て鈍い反応だと言えます。別の言い方をすると、この時期のフィリップス曲線の傾きは、それ以前の時期と比べて小さめだったということです。傾きが小さい理由としては、第1章でもふれたグローバリゼーション（グローバル化）などがあると考えられています。企業が生産拠点を海外に移したためにインフレ率が上がりにくくなったということです。しかし傾きが小さいとはいえ、右下がりの関係はしっかり見えています。

２０２１年に米国が経済再開を始めたころ、Ｆｅｄのエコノミストたちが手元にもっていたツールは、このフィリップス曲線でした。まず前提として、経済再開でレストランや宿泊施設などへの需要が回復すれば、それだけ人手が必要となるので、失業率は下がると彼らは考えたはずです。失業率の見通しが立てば、次はそれをフィリップス曲線に当てはめることによって、インフレ率の上昇幅を予測します。

ここで、「失業率が１％下がるとインフレ率が０・１％上がる」という関係式の登場です。これを前提とすれば、仮に失業率が３％改善したとしても、インフレ率の上昇はたかだか０・３％です。統計的な誤差を考えれば実際にはインフレ率はもう少し上がるかもしれないが、それにしてもＦｅｄの目標である２％のインフレを大幅に上まわることはあり得ない――Ｆｅｄのエコノミストたちは、当時そう考えただろうと思われます。

「外れ値」か、それとも「異変」か

しかし２０２１年以降、米国経済は彼らの見立てと大きく異なる振る舞いを見せます。図３‐３に四角の点で示したのが２０２１年以降のデータです。図の破線に沿って動くというＦｅｄの読みとはまったく異なり、データはほぼ垂直に立ち昇る動きとなっています。

Ｆｅｄのエコノミストたちもこのデータの動きを見ていたはずです。ただし、いまでこそデータの垂直な立ち上がりがはっきり見えますが、当時は、毎月ひとつずつ点が加わっていくだけですから、データが垂直方向に動きはじめたことを認識するのは容易ではなかったはずです。もしかすると、最初のころは一時的な外れ値と解釈したかもしれません。

これに限らず、データが出揃ってからあれこれ解釈するのは誰にでもできることですが、リアルタイムでデータを見ながら何が起こっているのかを正確に知るのは、まさに至難の業です。Ｆｅｄのエコノミストたちがフィリップス曲線の変化を見逃してしまったこと、そのために政策対応が遅れてしまったことを、一概に責める気にはなれません。

しかし、データの蓄積が進んだ現時点で見ると、実際には外れ値ではなく、フィリップス曲線の変容が起こっていたことが明らかです。２０２１年以降のデータ（四角の点）は、破線を一顧だにせず、上へ上へと立ち昇っています。立ち昇るとは言っても垂直というわけではなく左上に向かっていて、フィリップス曲線は引き続き右下がりではあるので、その傾きがきつくなったと見ることもできます。

別の見方としては、破線で表される２０２０年までのフィリップス曲線が上へ上へとシフトした結果と見ることもできます。いずれにしても、フィリップス曲線が２０２１年以降、これまでと異なる挙動を見せはじめたのは明らかです。いったい何が起こったのでしょうか。

$$\text{インフレ率} = \text{インフレ予想} - a \times \text{失業率} + X$$

インフレ率を決める3つの要因

2021年以降に何が起こったのかを知るために、フィリップス曲線の中身にもう少し立ち入ってみましょう。そのためには少しだけ数式を使う必要があります（本書ではインフレの仕組みをなるべくわかりやすく説明することを旨としているので、できることならば数式は使いたくはありません。ですが、ここは話が込み入っているので、数式を使わないと話が曖昧になってしまいます。なるべく簡単な説明になるよう努めるので、少しだけお付きあいください）。

フィリップス曲線は、数式で書くと上のような格好をしています。

左辺のインフレ率は実際に観察されるインフレ率です。フィリップス曲線の式は、このインフレ率がどのような要因に左右されるかを表しています。右辺に並ぶのがそれらの要因です。

まず、右辺の最初にある「インフレ予想」はこれまでもしばしば登場したものです。人々が先々インフレはどうなるのかと予想した数字が入ります。先々インフレになると予想するなら、それは今後おカネの使い出が減っていくということですから、一刻も早くおカネを使って何かを買ったほうが得だということになります。みんなが「今すぐ買おう」となれば需要が増えるので、インフレ率が高くなる――このような仕組みが、インフレ予想が右辺に入ることによって表現されています。

右辺の2つ目にある「失業率」は、図3－3の横軸にあるのと同じものです。失業率と掛け算になっている「a」というのは定数で、この値がフィリップス曲線の傾きを表します。言い換えれば、失業率の変化がインフレ率にどれだけの影響を及ぼすかは、このaの値によって決まっています。失業率が高いということは労働力が余っているということであり、なぜ労働力が余っているかと言えば需要が弱いからです（労働供給の使い道がない）。右辺に失業率があることで、需要が弱いとインフレ率が下がるという関係が表現されています。

右辺の3つ目にある「X」は、第1章で説明したインフレの供給要因です。たとえば、地震で工場の機械設備が壊れてしまうと、仮に労働者が無傷だとしても、工場の生産量は落ちてしまいます。厳密に言うと、機械の棄損で一人の労働者が使える機械の台数が少なくなり、一人の労働者が一日に生産する量（これを「労働生産性」といいます）が低下します。労働生産性が低下すると、一つひとつの製品の生産コストが上昇するので、インフレ率が高まります。

「a」はどうなっているか

この式を使って、米国のインフレ率が高い理由を探ってみましょう。右辺の最初にあるインフレ予想は、目先1年間といった短い期間では上がっていますが、先ほど見たとおり、この先5年間、あるいはそれ以上の長い期間では上がっていません。よってこれは理由になりません。

次に、右辺の2番目の「失業率」は図3－3で見たとおりたしかに改善しており、2022年5月の時点で3・6%まで下がってきています。このことはインフレ率を押し上げるはずです。しかし、aの値が2020年までと変わらず、「失業率が1%下がるとインフレ率が0・1%上がる」という関係が崩れていないとすれば、失業率が3・6%まで改善しても、それがインフレ率に与える影響は1%未満の微々たるものにしかなりません。それでは、実際に起こっているインフレ率の上昇を説明できません。

ところが、何かの理由でaが大きくなったとすれば、話は変わってきます。実際、フィリップス曲線の傾きが大きくなったのがインフレ高進の原因と主張する研究者もいます。しかし、2021年以降のデータによれば、失業率が6・4%から3・6%まで低下するあいだに、インフレ率は1・5%から5・3%まで上がっているので、「失業率が1%下がるとインフレ率が1・4%上がる」ことを意味しています。

これと2020年までの関係（「失業率が1％下がるとインフレ率が0・1％上がる」）との開きは非常に大きく、それほどの変化がαに起きているとは思えません。たとえば、フィリップス曲線の傾きを決めるひとつの要因として、先ほど、グローバル化を挙げました。ですが、2021年以降に取り立ててグローバル化に急速な変化があったという事実はありません。傾きを決める他の要因についても、2021年以降に何か大きな変化があったとは考えられません。

主犯は「ファクターX」？

あれもダメ、これもダメとなり、残るはひとつとなってしまいました。右辺のいちばん最後にある「X」です。

右辺の2番目が需要要因であるのに対して、3番目は供給要因を表すということは先ほど説明しました。供給要因というのは、大地震のような経済の生産体制へのダメージのことを指します。現在、世界各国の人々は、2年間の巣ごもりを終えて社会生活を再開させようとしています。その中で、ここまでの章でふれたように、リモートでの仕事に慣れてしまった労働者が工場やオフィスに戻るのを嫌がり、出勤が義務になるぐらいなら職を変えようと考える若手や、それならば早めにリタイアしてしまおうと考えるシニアが出てきています。こうした動きは生産体制に影響を及ぼすので、「X」に含まれます。

２０２１年以降、Xが何らかの理由で増加し、その結果、フィリップス曲線が上へ上へとシフトし、それが高インフレを生んだのではないか——これが私の仮説です。２０２１年以降のデータは真上ではなく、左上へと向かっているので、この間、財政支出増などを背景に需要の強まりがあったのは確かです。しかし、Xの増加はそれ以上のインパクトで、フィリップス曲線を上へ上へとシフトさせたのです。ここからは、この仮説を前提に、そうしたシフトをもたらすXの動きとは、具体的にどのようなものなのかを見ていくことにします。

その前にひとつお断りしておかなければいけないことがあります。それは、Xが主犯というのはあくまで「仮説」だということです。私がこの仮説にたどり着いたのは、インフレ予想と需要要因では説明がつかず、残るはXしかないと考えたからでした。言わば消去法です。

これと同じ道をたどって私と同じ結論に至った研究者は少なくないだろうと思います。しかしXを定量的に把握し、インフレ率をどの程度引き上げているかを突き止めるというところまではまだ誰もできておらず、いまだ研究途上です。現在進行中の現象でデータの蓄積が不十分ということもあって、手探りが続いているというのが実情です。

経済学者と中央銀行が払わされている「ツケ」

Xについてよくわからないという少々情けない状況は、必ずしも私の不勉強が原因というわけではなさそうです。先進各国の中央銀行のフォーラムであるBIS（国際決済銀行）のアグスティン・カーステンス総支配人は、最近の講演で、「中央銀行のエコノミストは、需要サイドについては知見の蓄積が豊富だ。しかし、供給サイドについては知見の蓄積がなく、いまだにブラックボックスのままである」と発言しています。また、米国Fedのジェローム・パウエル議長も「現在起こっているのは経済の供給サイドの崩壊だが、フィリップス曲線に大きく依拠する現代の経済モデルは供給サイドが欠落している」と述べています。前章で紹介したIMF（国際通貨基金）のゴピナート氏も「経済モデルの供給サイドの改善が急務」と指摘しています。私を含む経済学者たちは、半世紀のリベンジ期間の研究が需要サイドに偏っていたことのツケを、まさにいま払わされているということなのでしょう。

ツケを払わされているのは、中央銀行の政策担当者たちも同じです。経済学者が半世紀にわたるリベンジの期間に考えてきたのは、需要が強すぎることによって生じるインフレについてでした。中央銀行の政策担当者たちが編み出してきた処方箋も、同じく需要要因で起こるインフレに対するものでした。

不十分な処方箋

需要要因によるインフレの場合、諸悪の根源は強すぎる需要にあるのですから、それを弱めればインフレも抑えられます。中央銀行が利上げをすれば、企業や家計が借り入れをする際の利払いが増えるので、企業が工場を建てる、家計が住宅を建てるといった活動が抑制されます。需要が抑えられれば先ほどの式の右辺の失業率が上昇し、それによって高すぎたインフレ率が下がるという仕組みです。

しかし、インフレの原因が供給要因、つまりXの増加である場合は、処方箋はもっと複雑なものになります。Xが大きくなったことが原因なのですから、本来はその原因をどのように消し去るかを考えるべきなのですが、残念ながらその検討はまったくできていません。パウエル議長たちがフラストレーションを感じているのはこの点です。

現時点でわかっているのは、Xの増加はとりあえずそのままにしておいて、代わりに需要要因をマイナスにすることです。具体的には、利上げによって需要を抑制すれば失業率が上がるので、それによって右辺の第二項が小さくなります。そうすれば、右辺の第三項で起きているXの増加を打ち消すことができます。つまり、処方箋は需要要因のときも供給要因のときも同じで、ともに金融引き締めです。

需要要因のときは問題の根源を断つので非常に有効ですが、供給要因のときに需要の管理で対応というのは、問題の発端は第三項なのに、それは放置しておいて、第二項を調整し、それで帳尻を合わせるのです。「江戸の仇を長崎で討つ」さながらであり、処方箋としてはなはだ不十分なものと言わざるを得ません。

さて、言い訳めいた説明はこのくらいにして、本題に戻りましょう。私が注目する「ファクターX」とは具体的に何なのか、それは本当にインフレの原因と言えるのかを、これから考えていくことにします。

4・「サービス経済化」トレンドの反転――消費者の行動変容

サービス消費からふたたびモノ消費へ

「ファクターX」の最初の候補は、消費者の行動変容です。新型コロナウイルスによるパンデミックが始まった当初、人との接触が不可避なサービス消費から消費者がいっせいに遠ざかりました。レストランや宿泊施設、商業施設、理髪店、フィットネスクラブといった施設から人影が消えるという現象が世界中のあちこちで起きました。

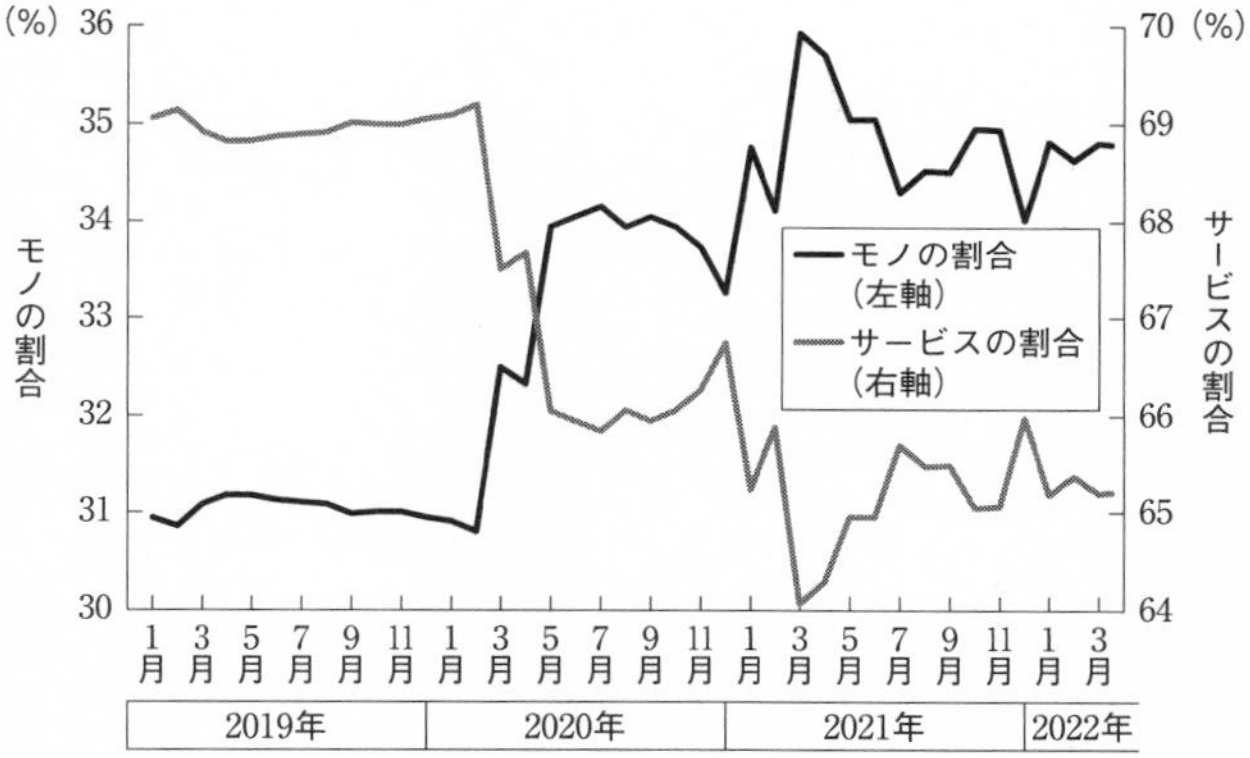

図3-4　米国消費に占めるモノとサービスの割合

ステイホームに入った人々は、消費の対象をサービスからモノへとシフトさせていきました。レストランやダイニングバーなどが休業に入ると自炊を行う人が増え、スーパーマーケットの売り上げが上がりました。ネットショッピングも大いに売り上げを伸ばしました。注目すべきはそうした動きが一過性でなかったことです。当初は、パンデミックのあいだだけの現象だと言われていましたが、経済再開が本格化して以降も、サービス消費は以前の水準に戻っていないのです。

米国の様子を示したのが**図3－4**です。２０１９年から20年3月にかけて米国で行われた消費のうち、サービス消費は69％程度を占めていました。その割合が、パンデミックをきっかけに大きく変化します。ちょうど１年後の２０２

1年3月までに、サービス消費の割合は64％まで落ちていました。5％ポイントの急減となりましたが、その代わりにモノ消費が急増しています。その後、サービス消費は少し持ちなおしますが、2022年に入っても65％程度で推移し、パンデミック以前の水準には戻っていません。

そもそもパンデミック以前は、人々の消費に占めるサービス消費の割合が趨勢的に増加し続け、その分だけモノ消費の割合が低下し続けていました。こうした趨勢は、「サービス経済化」と呼ばれています。

経済発展の途上の国では、人々は生活を楽にしたり、家庭で娯楽を味わったりするために、まずはモノを揃えていきます。たとえば、日本の高度成長期には「テレビ・洗濯機・冷蔵庫」が三種の神器と呼ばれ、庶民の憧れの対象でした。

一方、経済発展の成果がある程度人々の生活に行きわたっている先進国では、たいていの世帯にモノはひととおり揃っています。こうなると、人々はさらにモノを持ちたいとは考えず、その代わりに、体験を得ることや感覚を楽しむサービス消費を拡大させていきます。モノに頼って自分のことを自分でするのではなく、人に自分の面倒を見てもらうことこそが生活の豊かさだというわけです。これが「サービス経済化」と呼ばれる現象です。

ところが、このトレンドがパンデミックで逆転してしまったのです。**図3－5**は米国に

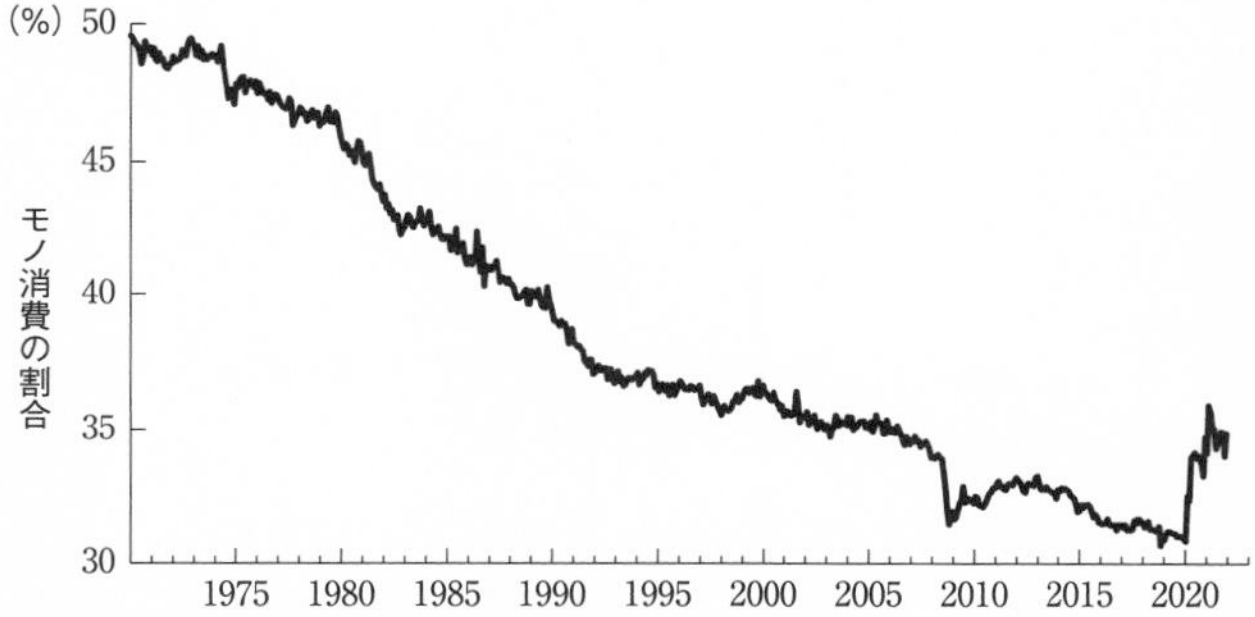

図3-5　米国のモノ消費の長期トレンド

おけるモノ消費の割合が半世紀にわたってどう変化してきたかを示しています。１９７０年以降、小さな振り幅をともないつつも、およそ半世紀にわたり一貫して、モノ消費の割合が低下してきたことがわかります。１９７０年には50％だったモノ消費の割合が、２０２０年を迎えるころには31％程度まで低下しているので、とても強いトレンドです。

この半世紀にわたるトレンドが、パンデミックを機に一気に反転しました。まさに時代を画するような変動です。

需要シフトは「突然」、「同期」する

消費者の好みがサービスからモノにシフトしたというだけなら、影響はそう大きくないのでは、と考える方もいるかもしれません。たしかに通常の状況であれば、誰かの好みが変わってサービスからモノにシフト

したとしても、それとほぼ同じ確率で、その逆のシフトをする人が出てきます。だから、経済全体として見れば、サービスとモノの比率はさほど変わらないとなるはずです。

しかし今回は違います。どの国のどの人もこぞってサービスからモノへとシフトさせているのです。この「同期」が今回の大きな特徴です。平時であれば、同期がこれだけの規模で起こることはまずありません。

もうひとつの大事なポイントは、需要シフトが「突然」だったということです。その様子は図3－5からも明らかです。パンデミック前から進んでいたモノからサービスへの需要シフトはかなり大きなものでしたが、それは突然起きたわけではなく、数十年の年月をかけてゆっくりと進んできたものです。ゆっくり進んでいるが故に、モノの産業もサービスの産業もそれに対応することができました。

モノ産業は年々需要が減っていくので生産に必要な労働と資本（機械設備など）が減っていきます。一方、サービス産業は年々需要が増えるので必要な労働と資本が増えていきます。

ですから、労働の面では、新卒の人たちのうちサービス産業に進む人の割合が年々増えていく、モノ産業で働いていた労働者がサービス産業に転職するといったことが起こります。資本の面では、モノ産業では設備の増強や更新を控えることで徐々に資本を減らす一方、サービス産業では積極的に設備を増やす投資が行われます。このようにして、労働と資本の産業間の移動が円滑に進みました。円滑だったのは需要のシフトがゆっくりだったからです。

これに対して今回の需要シフトは突然なので、労働と資本の産業間の移動が追いつかないのです。これまでのトレンドがモノからサービスへという方向であったので、その逆方向の移動への切り替えを突然求められても対応できません。

たとえば、フィットネスクラブの客の入りが悪くなって店を閉めるとしても、そのスペースをモノづくりの工場として転用できるかというと、一朝一夕では不可能です。また、フィットネスクラブのインストラクターが翌日から半導体工場で働くというのも非現実的です。労働と資本の移動には数年あるいはそれ以上の時間がかかると考えられます。

モノ価格はサービス価格との対比で上昇

需要のシフトは瞬時になされるが、労働と資本の移動はゆっくりとしか行われない——そうだとすると何が起こるでしょうか。モノ産業で需要が増えても、働き手や設備は不足します。つまり、需要が供給を上まわるというアンバランスが生まれます。その反対に、サービス産業では需要が減っているにもかかわらず、設備も人も残っている状態になります。その結果、モノ産業とは逆に、供給が需要を上まわるというアンバランスが生まれます。

モノ産業は需要超過ですからモノ価格は上がります。一方、サービス産業は供給超過で

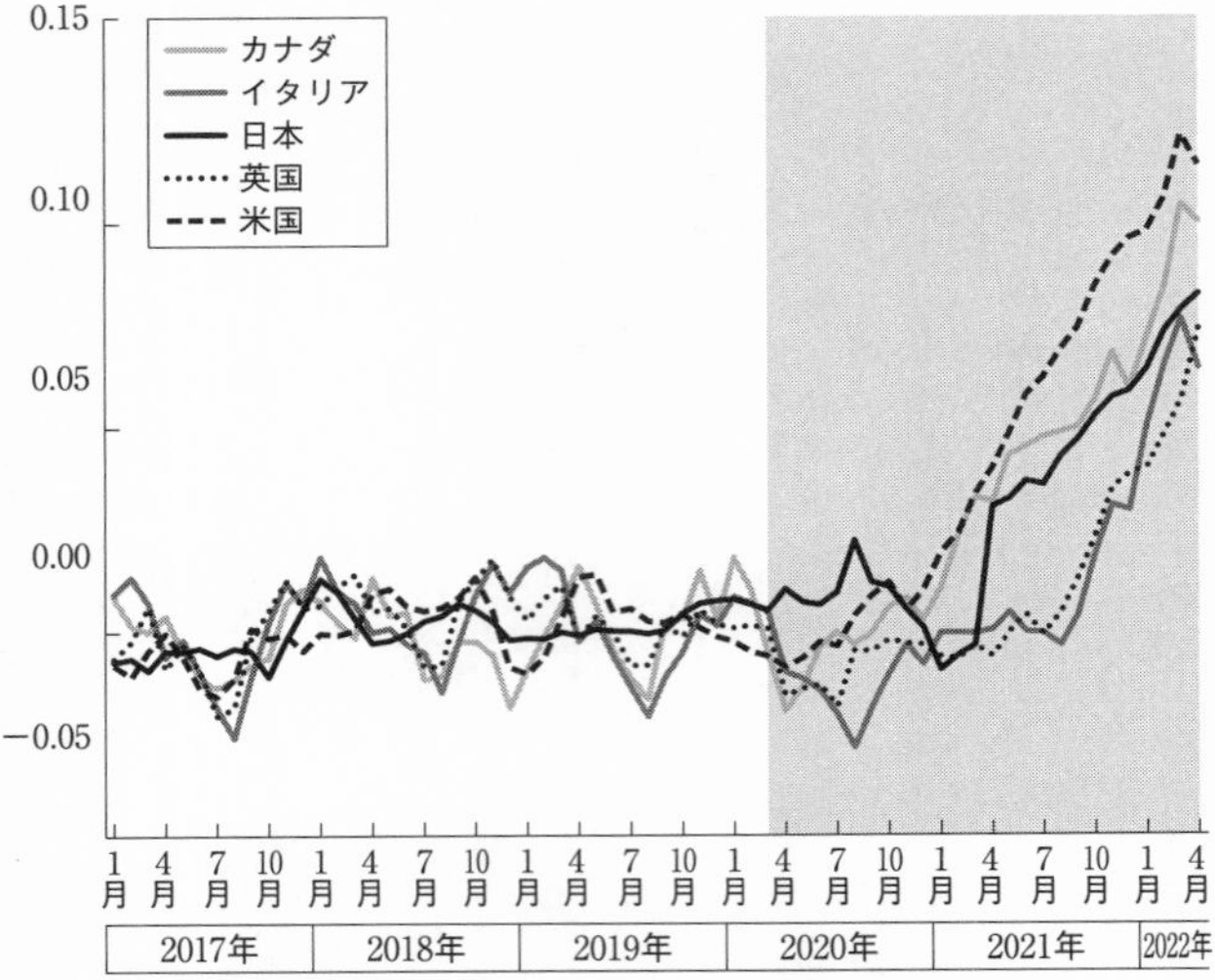

図3-6　先進各国のモノ価格とサービス価格の比率

注：パンデミック前のトレンドを除去

すからサービス価格は下がります。実際に先進各国のデータを見ると（図3－6）、パンデミックが始まって以降、モノ価格がサービス価格との対比で上昇し続けていることが確認できます。

ここまでの理屈は、多くの方の腑に落ちるものだと思いますし、生活の実感とも合致しているのではないでしょうか。しかし、話はここで終わりではありません。むしろここからが佳境です。

本書はインフレについて考えるものです。インフレというのはひとつの商品の値段が上がったという話ではなく、さまざまな商品の値段が全体として上がる現象です。もちろん値段の下がる商品があってもかまいませんが、典型的な消費者が生活するために必要とするさまざまな商品の価格の総和（これを「生計費」と言います）が上がることです。ところが、需要シフトで説明できたのは、モノ価格がサービス価格との対比で上がるということだけです。生計費はモノとサービスの両方の価格から計算されるものなので、これだけでは、生計費が上がるのかどうか何とも言えません。

しかし米欧では実際にインフレが起こっています。そして消費者物価統計の中身を詳しく見ると、モノ価格は激しく上がっていて、サービス価格はそこまでの勢いはありませんがこちらも上がっています。つまり、モノもサービスもどちらの価格も上昇する中で、モノ価格のほうが余分に上がることにより、モノ価格がサービス価格との対比で上昇するというのが、いま起こっていることなのです。

モノとサービスの「価格硬直性」の差がインフレを引き起こす

なぜこうしたことが起こるのでしょうか。これを理解する鍵は「価格硬直性」という考え方にあります。

価格硬直性とは、ジョン・メイナード・ケインズが１９３６年に出版した書籍で提唱したものです。その中でケインズは、それまであった「価格は需要と供給をマッチさせるように瞬時に調整される」という考え方は非現実的であり、価格の調整には時間がかかるということを述べました。言われてみれば当然の話で、スーパーの店頭に並ぶチョコレートの値段が時々刻々変わるということはありません。値札の張り替えは何日かに一度(場合によっては何ヵ月かに一度)で、時々刻々値段が変わる株価(株の値段)とはまったく違います。

しかも、2000年以降の研究でわかってきたのは、サービス価格はモノ価格より硬直性が高いということです。サービス価格がより硬直的なのは、サービス産業のコストの大部分を人件費(賃金)が占めており、その賃金が硬直的だからです。たしかに、賃金は生活の基盤なので、それが頻繁に変更されたのでは、生活の計画が成り立ちません。だからどこの国でも賃金は硬直的になるよう制度設計されているのです。

需要シフトにともなってサービス価格は本来下がるべきなのですが、サービスのほうが価格は硬直的だという事実を踏まえると、硬直的なので下がりが鈍いということになります。一方、モノ価格は本来上がるべきですが、硬直性が低い(つまり価格が伸縮的)ので迅速に上がります。上がるほうはしっかり上がり、下がるほうはさほど下がらないので、全体として物価が上昇する──こうして、米欧のインフレは引き起こされているのです。

ところで、日本はどうなっているのでしょうか。先ほど図3-6で「モノ価格がサービス価格との対比で上昇」という現象は、日本も米欧と同じということを確認しました。米欧では硬直性の高い賃金でさえも上昇しており、これを反映してサービス価格も上昇しています（ただしモノ価格の上昇には及ばない）。これに対して日本では賃金の硬直性が非常に高く、足元も賃金は変化していません。そのためサービス価格もほとんど動いていません。

そうした中で、日本のモノ価格も米欧ほどの速度ではありませんが上昇を続けており、その結果、モノ価格がサービス価格との対比で上昇するということが起こっています。「モノ価格がサービス価格との対比で上昇」という現象は日本も米欧も同じですが、その内実は大きく異なるということです。日本の賃金やサービス価格については第4章であらためて詳しく検討します。

5・もう職場へは戻らない——労働者の行動変容

米英で起きた「大離職」と「大退職」

行動変容は消費者だけではありません。労働者も行動を変化させました。パンデミックを機に退職を早めるケースや、あるいは離職したまま仕事に復帰しないという事例が米国や英国において数多く見られるようになったのです。これが「Great Resignation（大離職）」、または「Great Retirement（大退職）」と呼ばれていることとは、前章で述べたとおりです。

労働者が労働を供給しなくなるというのは、供給ショックの典型例です。労働の供給が減るとそれまでと同じ量を生産するために必要なコストが上昇するので、フィリップス曲線の式で言えば、右辺の最後にあるXが増加し、それがインフレを引き起こします。この現象は今回のインフレと深い関係にあるのです。

労働者の行動変容の事実を確認するところから始めましょう。**図3－7**は米国の非労働力人口の推移を示しています。非労働力人口とは、15歳以上で年齢的には働けるにもかかわらず職に就いていない、職探しもしていない人を指します。図には1975年からの長い時系列を示していますが、人口構成の変化などを反映して、米国の非労働力人口が趨勢的に増え続けてきたことがわかります。

注目していただきたいのは、図の右端のところに見える大きなジャンプです。これがパンデミックにともなう非労働力人口の増加です。非労働力人口は、コロナ前の約9500万人から2020年4月には1億400万人へと、一挙に900万人の増加を記録しました。その後、社会が落ち着いてくるにつれて非労働力人口も減りますが、それでも約1億人と、コロナ前を500万人程度上まわる状態が続いています。

パンデミックにともなう非労働力人口の増加については、研究者のあいだでも議論の的になりました。当初は、これは一時的な現象であり、経済が回復すればいずれ労働市場に戻ってくるとの見方が大勢でした。しかし、パンデミック3年目の2022年夏の現在でも、多くの労働者が労働の現場に戻っていません。

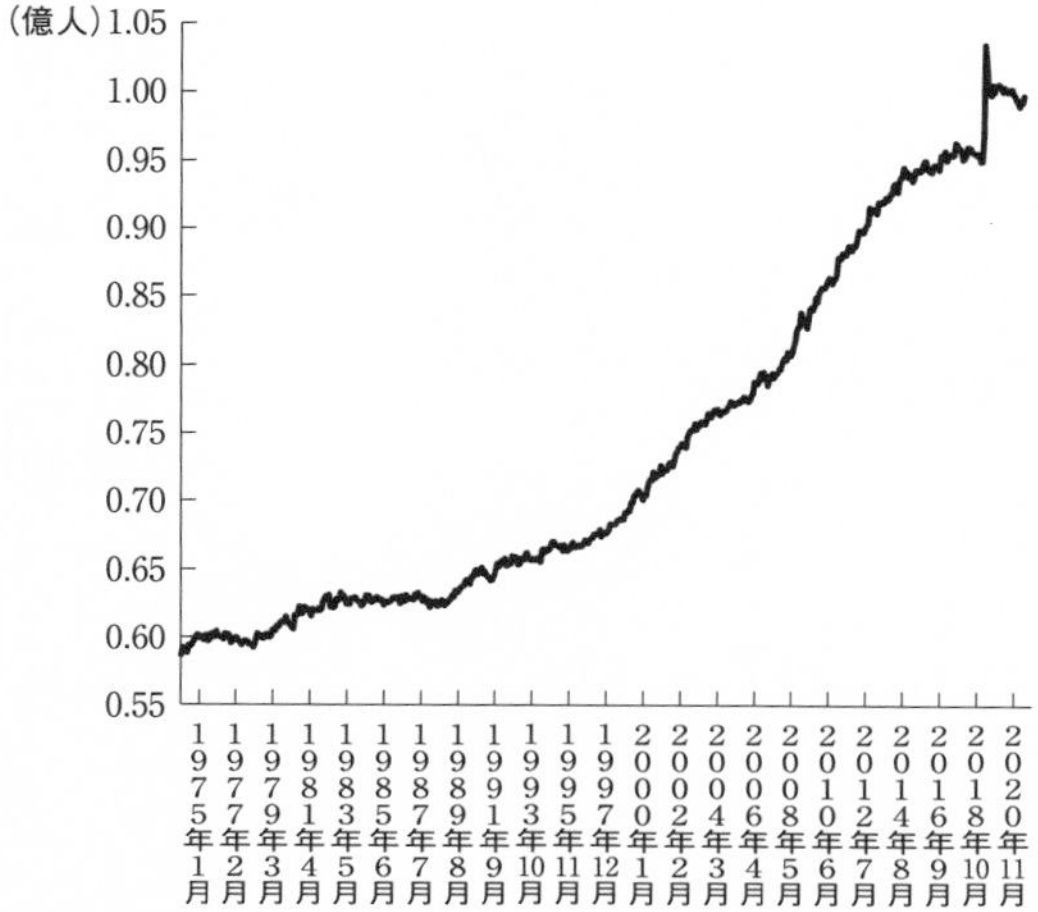

図3-7　米国の非労働力人口

非労働力人口はもともと増加トレンドをもっていたので、増加すること自体は不思議ではありません。しかしパンデミックにともなう増加は50年余りのトレンドから大きく乖離するジャンプだったので、いずれトレンドに戻るだろうと多くの人が考えたのでしょう。トレンドから大きく乖離してその後また元のトレンドに戻るというのは、さまざまなデータにおいてしばしば観察される事実だからです。

しかし、トレンドから乖離し、その

後、その延長線上に新しいトレンドが生まれるという事例も、決して少なくありません。今までしっかりしたトレンドがあったのだからいずれそこに戻るはず、というように頭から信じ込むのは危険ではないかと、私は思います。

労働の現場に戻らないスマホ端末

興味深い事実をもうひとつ紹介しましょう。**図3－8**はGoogle社が提供するスマートフォンの位置情報データを使って、主要国でスマホがどこにあるかを調べ、パンデミック以前と2022年5月とを比較した結果を示しています。米国では、「職場」にある端末の台数が18％減となっています。「駅」にある端末の台数も19％減少しています。米国以外でも、英国とカナダは職場の端末台数が顕著に減っていることがわかります。

このデータはスマホ端末の位置を調べているだけなので、なぜスマホがそこにあるのかまではわかりません。ただ、米国は日本とは比較にならないくらいWFH（Work From Home＝在宅勤務）が普及しているので、職場の端末台数が減ったうちのかなりの部分はその要因によると思われます。したがって大離職や大退職で説明できる部分はそれほど多くはないのだろうと思います。

労働供給の観点からは、WFHでは職場にいないとはいっても労働は供給されているの

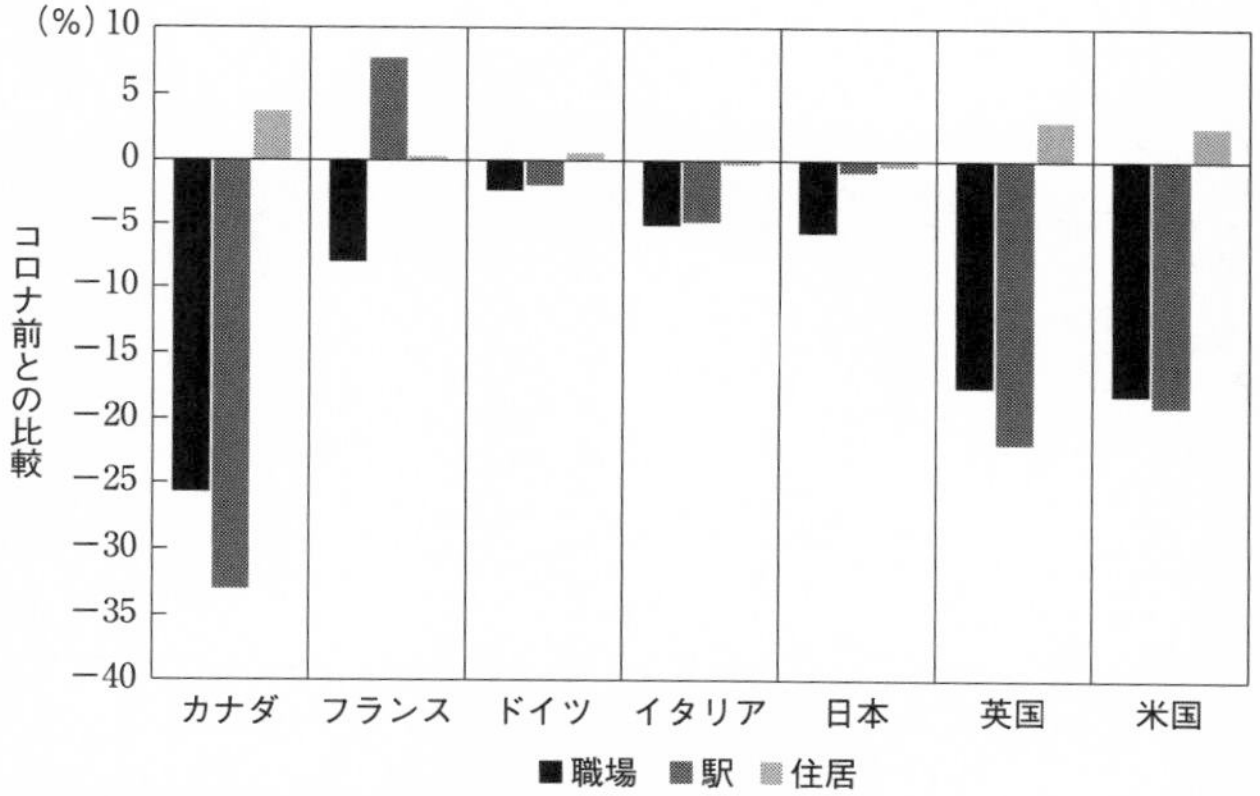

図3-8　スマホ端末の所在場所

に対して、大離職・大退職はまったく働いていないので、大違いです。しかし、どのような理由によるにせよ、労働者が元のオフィスや工場などに戻っていないのは事実です。その意味での行動変容は確実に起きています。

理由が何であれ、労働者がオフィスや工場に行かなくなれば、たとえば、昼食を職場近くのレストランでとるということもなくなり、自宅近くのスーパーで食材を買って家で調理する機会が増えることでしょう。そうなれば、先ほど述べたサービスからモノへの需要のシフトに拍車がかかることになります。このように、労働者の行動変容と消費者の行動変容は密接に関連していると見るべきです。

ＥＶ（電気自動車）大手であるテスラ社ＣＥＯのイーロン・マスクが、同社の社員に対してオフィスに復帰するよう命令したことが報じられました。彼のツイートには職場に即座に復帰しないとクビと書かれていましたが、そのことの是非はともかくとして、それくらいきつい言い方をしないと、労働者たちは職場に戻ってくれないということなのでしょう。この一件は、労働者の行動変容の根深さを物語っているように思われます。

ソーシャル・ディスタンスの「後遺症」

次に、そもそもなぜ離職や退職が増えているのか、その背景を探ってみましょう。シカゴ大学にWFHに関するアンケート調査を継続的に行っているチームがあり、そのチームが「Long Social Distancing（ロング・ソーシャル・ディスタンシング）」という、とても面白い考え方を提唱しています（図3－9）。

新型コロナウイルスに感染した人が、急性症状から回復して陰性になってからも後遺症に苦しんでいる状態を、英語でLong COVIDと言います。Social Distancingの前にLongをつけているのはそれに掛けたもので、「コロナが収束したにもかかわらずいつまでもソーシャル・ディスタンシングを続けている」という意味が込められています。

彼らの調査によれば、パンデミックが収束した後もソーシャル・ディスタンスを継続し、以前の生活様式に完全に戻ることはないと答えた人は、全体の約6割にのぼりまし

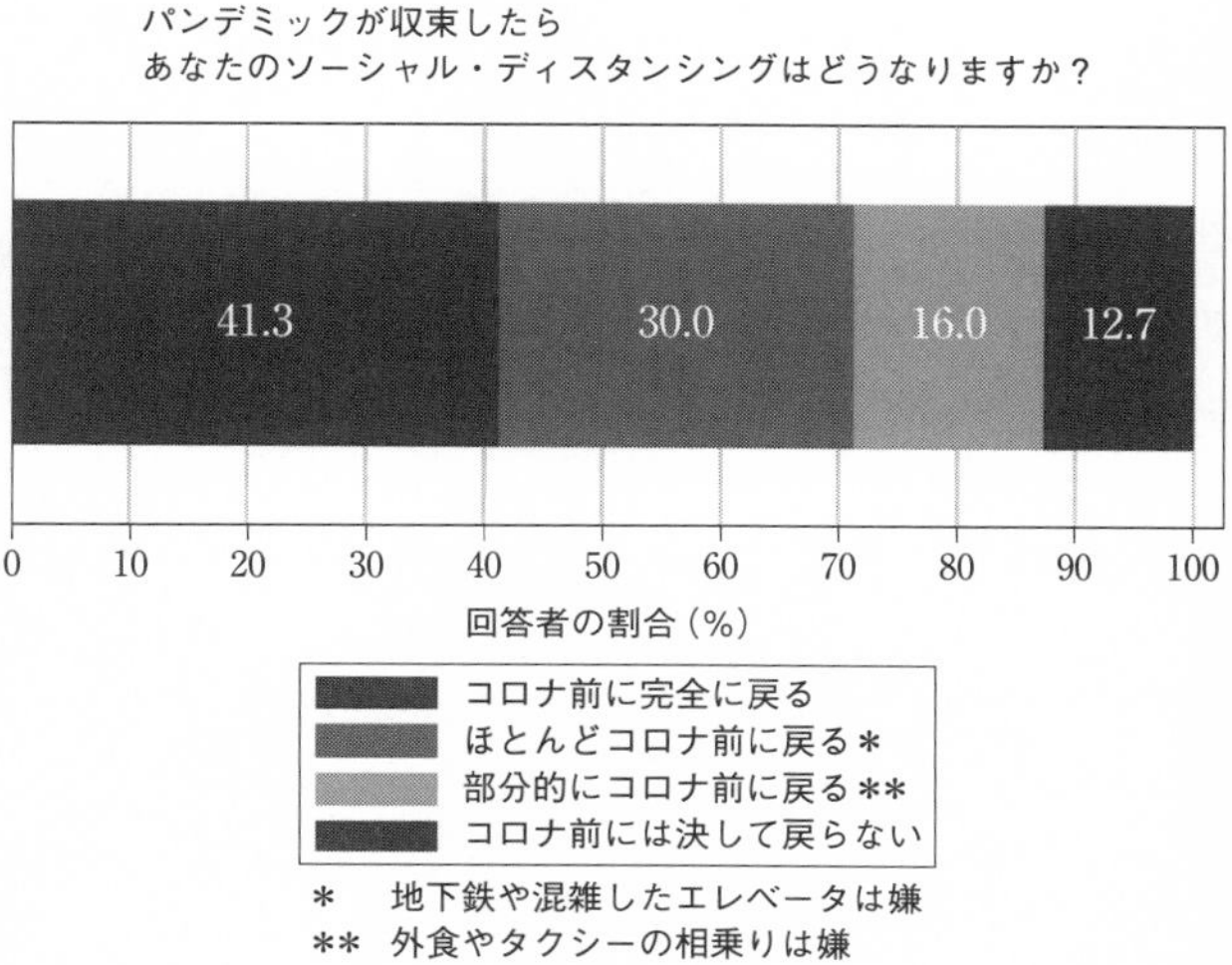

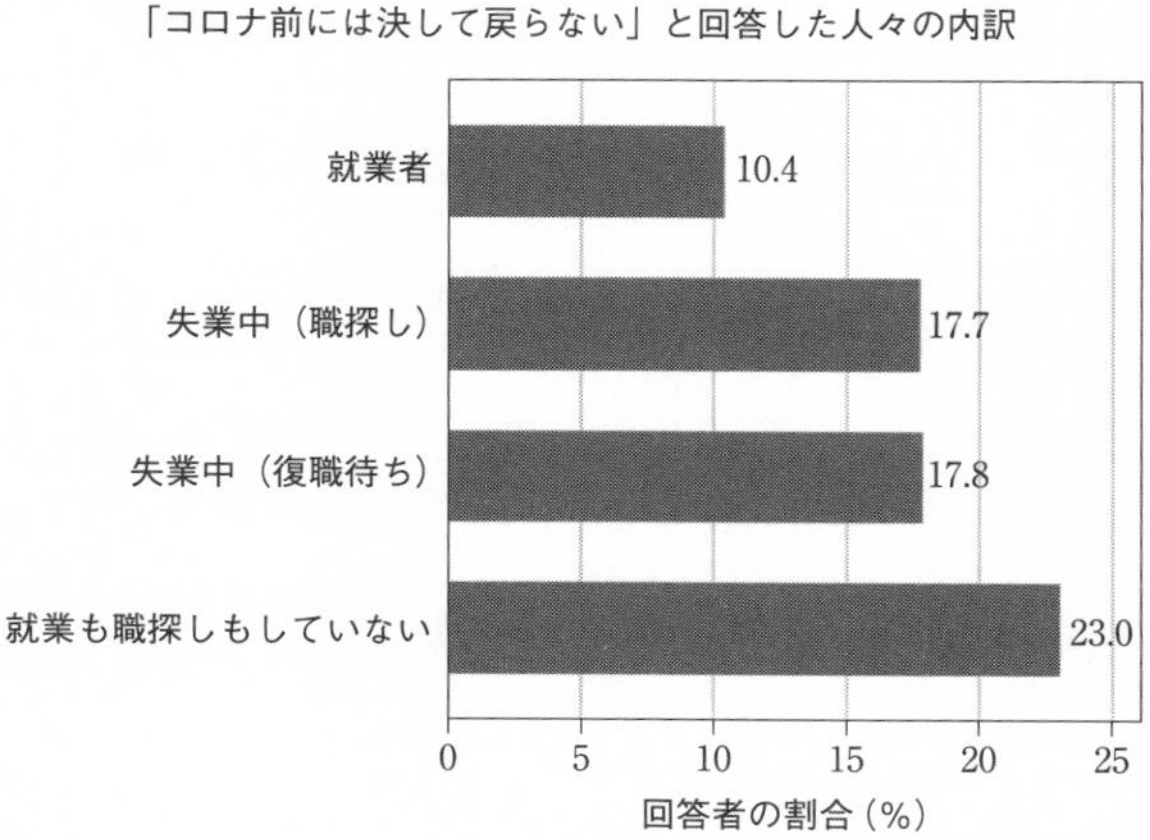

図3-9 「ロング・ソーシャル・ディスタンシング」と呼ばれる現象

た。「戻らない」というのがどの程度のことかというと、地下鉄や混雑したエレベータはなるべく避けるという程度の人が30％、外食やタクシーの相乗りはしないという程度の人が16％です。「コロナ前の距離感には絶対戻らない」という、もっとも強い回答も約13％にのぼります。回答者の属性で見ると、高齢者、女性、低学歴、低収入といった人たちが、距離感を保ちたがる傾向にあります。

シカゴ大のチームは、「コロナ前の距離感には絶対戻らない」と回答した人たちに対して、現在の就業状態を聞くということもしています。その結果、約4分の1が就業していないし職探しもしていない、つまり非労働力人口であることがわかりました。パンデミック中に慣れ親しんだ、他者との距離を保つ生活を今後も続けたいと考える人たちは、外食や地下鉄を忌避することの延長として、労働の現場に戻るのも忌避しているのです。

前章で見たように、パンデミック1年目、2年目は、感染への恐怖心から、消費者は対面型サービスを避け、労働者は労働の現場に戻るのを嫌がるという現象が起こりました。当時の感染の厳しさを踏まえれば、消費者や労働者の行動変容は理解できます。

しかし、シカゴ大の調査が行われたのは2022年4月で、米国が経済再開を本格化させてからだいぶ時間が経過していたときのものです。この結果を「恐怖心」で説明するのは到底無理です。新たに別の要因が加わったと見るべきでしょう。「Long COVID」と同様に、経済行動にも「後遺症」があり、それが労働の現場への復帰を妨げる要因になっていると、私は考えています。

疫病との闘いの歴史が教えてくれること

ところで、仮に経済行動にも「後遺症」があるとして、それはどのくらい長く続くものなのでしょうか。これは、インフレの将来を展望するうえできわめて重要なことであり、現在、多くの人が知りたいと思っていることです。しかし、残念ながら私を含む経済学者たちは、その答えを持ちあわせてはいません。数四半期で後遺症から回復するかもしれないし、数年かかるのかもしれないといった、曖昧なことしか言えません。

ただ、手掛かりがまったくないかというとそうでもありません。過去の疫病との闘いの歴史は有益な知見を与えてくれます。カリフォルニア大学のオスカー・ジョルダ教授らが最近発表した研究では、14世紀の黒死病から2009～10年の豚インフルエンザ（H1N1インフルエンザ）に至るまでの19のパンデミック事例について、賃金などのデータを収集し、パンデミックが収束した後に経済がどのように変化したかを調べています。

図3－10は英国における実質賃金（賃金を物価で割ったもの）の反応を示したもので、横軸はパンデミック収束から何年が経過したか、縦軸はパンデミック以前と比べてどれだけ実

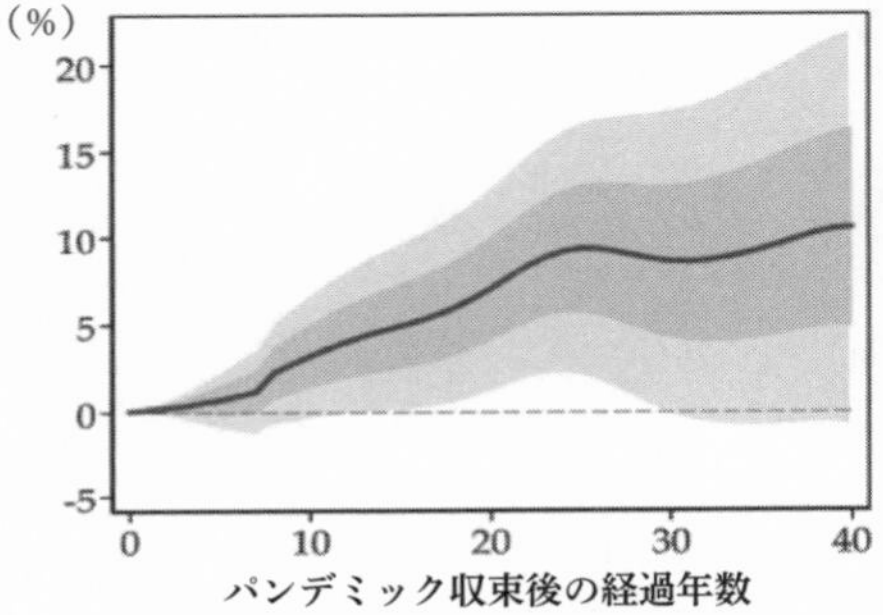

図3-10　過去のパンデミックが実質賃金に及ぼした影響

質賃金が変わったかを示しています（影の部分は推計値の統計的な誤差の範囲を表しています）。ワクチンも治療薬もなかった時代のパンデミックは多くの犠牲者を生み、労働力が大きく棄損しました。そのため深刻な人手不足が起き、実質賃金が約10％上昇しました。注目したいのはそれがどれだけ続いたかです。この推計によれば実質賃金はパンデミック収束後、20年目まで上昇を続け、そこでようやく上昇が止まっています。つまり、「後遺症」は20年間続いたということです。

　今回の「後遺症」もこれほどまでに長引くのでしょうか。それを考える際の重要なポイントは、過去のパンデミックの犠牲者は桁違いに多かったということです。すでに述べたように、１００年前のスペイン風邪の死者数は、当時の世界人口の２％にも上ったのに対して、今回は０・１％未満です。今回は労働力の棄損が比較的少なかったことがわかります。ではなぜ労働供給が減少しているかと言えば、その主因は、労働の現場に戻るのを忌避する人たちが増えたことです。これらの労働者が欲しているのは他者との適切な距離であり、現状の職場環境ではそれが満たされないので戻りたくないと言っているわけです。

そうであるとすれば、良質の労働力を何とかして確保したいと考える経営者たちは、適切な距離を保ちながら働けるように、オフィスや工場の環境を整備する可能性があります。あるいは、職場環境の整備におカネを使うのではなく、労働者に直接おカネを渡す(つまり、「密」手当のようなものを新たに支払うことで高い賃金にする)ことによって労働力を確保しようと考える経営者も出てくるかもしれません。いずれにしても、今回の場合は、それらの対策で労働供給が元に戻る可能性があり、そうなれば「後遺症」の期間は短くなるはずです。

そうした可能性があることを踏まえると、「20年」というのはたぶん考えられる最悪のケースで、実際にはそこまで長引くことはないだろうと思われます。しかし同時に、人類のパンデミックとの闘いの長い歴史は、感染の収束が闘いの終わりではなく、その後にこそ、後遺症との長い闘いが待っていることを教えてくれています。そのことをしっかり頭に入れておくべきだと、私は考えています。

6・脱グローバル化──企業の行動変容

グローバルな供給網で発生した「負の連鎖」

パンデミックは、この数十年間で企業が世界中に張りめぐらせた供給網（サプライチェーン）を、ほうぼうでズタズタにしました。2022年に入っても、中国では上海のような大都市であっても前触れなくロックダウンが行われました。工場や港湾施設の操業がストップしてしまうと、グローバル企業が日本や韓国、台湾を含めたアジアをつないで構築した供給網が、その一点で断ち切られてしまうことになります。

実際に、2021年から22年にかけて、供給網の寸断によって米国や日本では自動車を作ることができなくなっていました。折からの半導体不足に加え、ワイヤーハーネスやカーエアコン、カーナビなど自動車生産には欠かせない部品が中国やASEANで作られているからです。このように、ひとつの国で感染拡大が起こって工場の操業が停止されると、その国の企業から部品供給を受けている別の国の企業も操業停止を余儀なくされます。

パンデミックによって物流も機能不全におちいりました。港湾は物流の結節点なので、この一点に集結するモノをさばくために、人もきわめて「密」になりやすい施設です。ひとたび荷役の担当が感染してしまえば、港湾施設内であっという間に感染が広がっていきます。そこで感染対策を徹底すると、港湾施設の操業度は大きく下がってしまいます。これに加えて、港湾労働者のあいだでも感染恐怖による離職が起こり、人手不足となりました。それらの結果、モノが港湾施設を通過するのに以前の何倍も時間がかかるようになってしまいました。海外からモノを運んでくるコンテナ船が、何週間も洋上で停泊を余儀なくされるケースが、世界のあちこちの港で発生する始末です。

ただし、こうしたグローバルな供給網で発生した一連の「負の連鎖」は、永遠に続くわけではなく、遅くても2023年までには解消に向かうと言われています。現在進行しているインフレのひとつの要因は供給網の機能不全ですが、その要因は近々解消されるということです。この点はひと安心です。

しかし、供給網の機能不全を経験した企業は、そもそも、グローバルに供給網を展開するというこれまでの戦略が間違っていたのではないかと考えはじめ、これを機にグローバルな生産体制そのものを見直そうとしています。消費者や労働者と同じく、企業もこの意味での行動変容を開始しているのです。この行動変容は、今後、物価に影響を及ぼす可能性があります。

すでに始まっていたグローバリゼーション見直しの動き

企業がグローバルな供給網を見直そうとしている理由は、たとえ今度のパンデミックによる機能不全が解決したとしても、また同じようなことが将来生じる可能性を否定できないからです。ロシアのウクライナ侵攻によって、天災だけでなく地政学的な要因で供給網の寸断が起こる可能性も意識されたことでしょう。

こうした中で、世界中に分散されている生産拠点を自国内に回帰させたり、友好関係にある近隣の国に移転させたりする動きが起こっています。たとえば米国であれば、米国内及びカナダ、メキシコに生産拠点をシフトさせるような動きが見られます。

この流れは「Deglobalization（脱グローバル化）」と呼ばれ、実はパンデミック以前からその兆しが見られ、研究者や実務家のあいだで注目されていました。この現象を理解するために、世界貿易のトレンドについて見てみましょう。**図3－11**は、世界の貿易額が世界GDPに占める割合を示しています。1980年代半ばから2008年にかけて、世界の貿易は急ピッチで拡大していきました。この時期は、過去150年を見ても他に例がないくらい、急速にグローバリゼーションが進展した時期でした。

22ページでふれたiPhoneの製造工程のように、グローバルな分業化が進み、それ

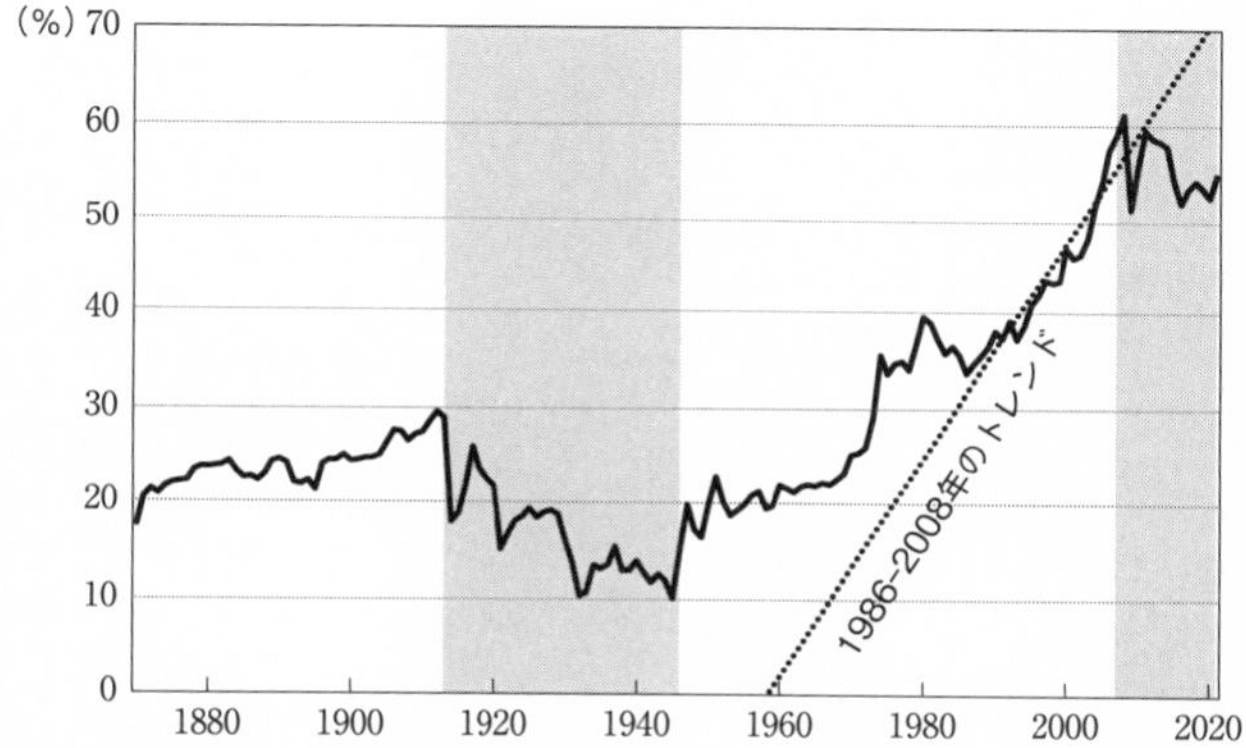

図3-11　世界貿易の対GDP比

にともなって、貿易額は膨張の一途をたどったのです。２００１年に中国がＷＴＯ（世界貿易機関）に加盟したことは、世界をつなぐ自由貿易体制が確立されたことを象徴する出来事と言われていました。

モノを製造する企業は常に、世界の同業者との激しい競争にさらされています。賃金が低いわりによく働いてくれる、コストパフォーマンスのよい労働力を確保することが、競争に勝ち抜くための生命線となります。こうして企業は続々とアジアや東欧、中南米などの新興国に進出し、生産拠点を構築していきます。

この結果、グローバル企業の製造原価が大きく下がり、先進国では、商品の価格が上がりにくくなりました。たとえば２０００年代前半に、日本ではユニクロが高品質・低価格を評価されてまたたく間にふだん使いの衣料品の市場を席巻し、価格の基準になったと言えるほどに定着しました。このようなことが世界各地で起こっていると考えてもらえば、イメージしやすいでしょう。グローバリゼーションは、先進国のインフレ率がそれ以前よりも低い水準に抑えられるようになった、大きな要因でした。

安全と安定への志向

ところが、世界貿易は突如、2008年に伸びを急停止させます。リーマンショックによる世界経済の急降下が直接のきっかけでした。

世界貿易の停滞の背景には、ポピュリズムや保護主義の台頭など政治的な要因がありました。リーマンショック以降、先進国の経済停滞を尻目に中国経済が急速に台頭しました。米国経済の不振は国民の分断を強め、これを受けてトランプ政権が誕生します。そしてトランプ大統領は中国との貿易戦争を開始します。他方では、同時に進行していた欧州の停滞はブレグジット（英国のEU離脱）を招きました。

そうした状況下で発生したパンデミック（とロシアのウクライナ侵攻）は、供給網が常に安定的に機能するわけではないことをグローバル企業に強く意識させました。そして、米欧が経済再開に向かっても、世界貿易が直ちに安定的な回復軌道に乗るということにはなっていません。

グローバリゼーションは、徹底的にコストパフォーマンスを追求しよう、そのためであれば世界のどこにでも進出しようという考え方に根差すものでした。これに対して「脱グローバル化」の背後にあるのは、供給網の安全性と安定性を重視し、そのためにコストパフォーマンスが多少犠牲になってもやむを得ないという発想です。必然的にグローバル企業の製造コストは上昇し、製品価格は上昇します。脱グローバル化は、長期的かつ静かに進行する供給ショックなのです。

リショアリング

国際的なコンサルティング会社であるA・T・カーニー社が、グローバル展開する米国企業の経営者を対象に行った調査によると、「すでにリショアリング（生産拠点を米国内または近隣国に移転）を行っている」という回答が47％にのぼりました。「3年以内にリショアリングを行うことを決定している」は29％、「まだ決定してはいないもののおそらく行うことになるだろう」は16％でした。つまり、92％の企業が、数年のうちにリショアリングを行うことを計画しています。これが現実になれば世界貿易の停滞は一段と加速することになるでしょう。そしてそのことは、パンデミックが収束しても、世界貿易がそれ以前のトレンドには戻らないことを意味しています。

供給網の混乱にともなうインフレ押し上げはほどなく終わることでしょう。しかし、それと入れ替わりに、世界のインフレ率の抑制要因であったグローバリゼーションが今後、後退することになれば、インフレ率はその分、底上げになります。パンデミックを経て、企業も行動変容し、それが先行きのインフレ率を高める可能性があるのです。

7・「3つの後遺症」がもたらす「新たな価格体系」への移行

本章ではここまで、現在進行中の世界インフレは主に供給要因によるものであり、その背後には消費者、労働者、そして企業の行動変容があることを見てきました。図3－12はそれをまとめたものです。大事なポイントは、これらの行動変容はパンデミック終盤の現在でも色濃く残っており、今後もすぐには消えそうもないということです。こうした、永続性のある行動変容はパンデミックの「後遺症」と呼ぶべきものです。

これらの行動変容には大事な共通点があります。第一は、これらの行動変容がこれまでのトレンドを大きく変えるかたちで起こっていることです。

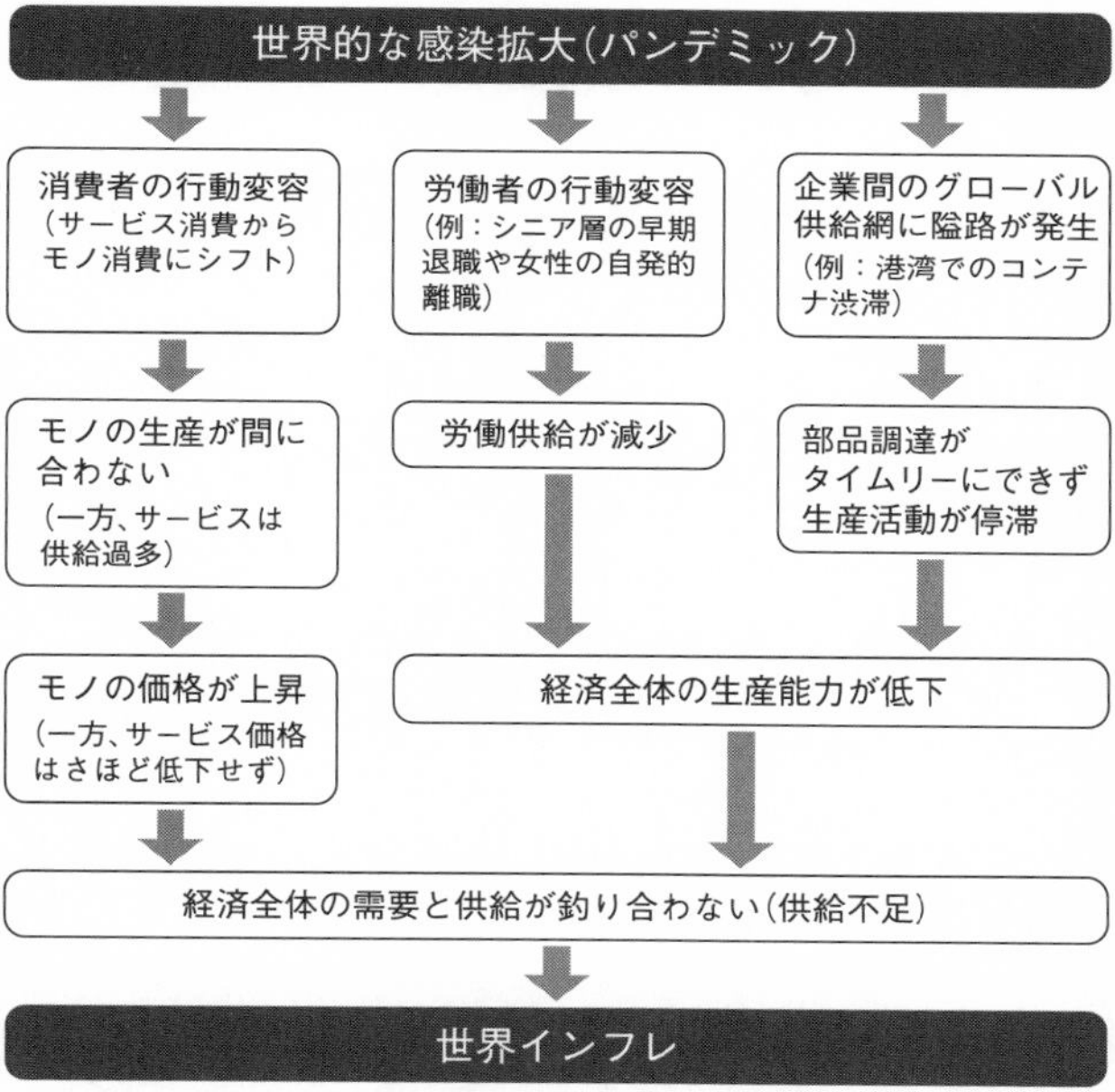
世界的な感染拡大(パンデミック)
消費者の行動変容
(サービス消費から
モノ消費にシフト)
労働者の行動変容
(例:シニア層の早期
退職や女性の自発的
離職)
企業間のグローバル
供給網に隘路が発生
(例:港湾でのコンテ
ナ渋滞)
モノの生産が間に
合わない
(一方、サービスは
供給過多)
労働供給が減少
部品調達が
タイムリーにできず
生産活動が停滞
モノの価格が上昇
(一方、サービス価格
はさほど低下せず)
経済全体の生産能力が低下
経済全体の需要と供給が釣り合わない(供給不足)
世界インフレ

図3-12　パンデミックの「後遺症」が引き起こすインフレ

まず、図の左端に示した消費者の行動変容は、サービス消費からモノ消費への需要のシフトでした。しかし、パンデミック前の先進各国の消費は、モノ消費からサービス消費へという、「サービス経済化」のトレンドをもっていました。そのトレンドが正反対になってしまったのでした。

図の中央にある労働者の行動変容とは、職に就くことも職探しをすることもない人たち、つまり非労働力人口の増加のことでした。

非労働力人口には、パンデミック前から増加のトレンドがありました。自らは働かず社会に扶養される人が先進各国で年々増加するというトレンドです。パンデミックはこのトレンドを一気に加速させました。

図の右端に示された状況は、企業が母国または母国に近い場所に生産拠点を移す動きにつながりました。こうした企業の行動変容は、生産拠点を海外に移すトレンド、すなわちグローバル化のトレンドを反転させるものです。

長期トレンドが「突然」変化した

これらのような、何十年にもわたって続いてきたトレンドが変化するというのは、それだけでも大変な出来事です。そのうえ、それが「突然」起こったのです。しかも、世界のすべての人と企業の行動が、「同期」するかたちでその変化が生まれました。

通常、出来事はゆるゆると起こり、人々の反応もまちまちとなりがちです。それに対して、突然、しかも人々が同期するかたちで出来事が起こると、経済へのインパクトは最大になります。パンデミックはまさにそれです。このように、「突然」と「同期」は、パンデミックの経済への影響を考える際のキーワードだと、私はみています。

3つの行動変容のもうひとつの共通点は、過度な「つながり（connectedness）」の揺り戻しということです。パンデミック以前の社会は、人と人、人と企業、企業と企業が濃密につながることを徹底的に追求してきました。それによって経済効率が上がるからです。

卑近な例で言えば、私の未刊行の論文を読んだどこかの国の見知らぬ研究者からメールで問い合わせがあり、クラウドでデータを共有し、Ｚｏｏｍで意見交換するうちに、新しい共同研究が始まるということがあります。昔であれば、未刊行の論文をどこかの誰かが読む機会は非常に限られていたでしょうし、データを交換したり、バーチャルとはいえ顔を見ながら意見交換したりすることもまずあり得ませんでした。つまり、情報通信技術の進歩にともなって、人と人が「つながる」ために必要となるコスト（金銭的・時間的なコスト）が極端に小さくなったのです。

もしかすると私たちは安易に「つながり」を作りすぎたのかもしれません。脱「グローバル化」は明らかにその揺り戻しです。多様な人材を一ヵ所に集めることで、生産と技術革新の効率性を徹底的に追求してきた企業が、「大離職」「大退職」の憂き目に遭っているのも、過度なつながりの揺り戻しです。フェイス・トゥ・フェイスで他者とつながる心地よさを求めてきた消費についても、サービス経済化の反動が起こっています。

「新たな価格体系」への移行が始まった

長期トレンドの大きな変化は、当然のことながら価格のあり方にも大きな影響を及ぼします。長期トレンドの変化にともなって、さまざまな商品（モノもサービスも）の価格とさまざまな人たちの賃金が変化すると、私は考えています。これを「新たな価格体系」への移行と呼ぶことにします。

たとえば、労働者の行動変容という後遺症が長く続けば、労働の対価である賃金が商品全般の価格である物価との対比で上昇し（つまり実質賃金が上昇し）、それがパンデミック後の新たな価格体系になります。先ほど紹介した過去のパンデミックの経済効果に関する研究の結果（図3－10）は、一過性でない賃金水準の変化が、過去に起こっていたことを端的に示しています。

また、消費者の行動変容が長く続くとすれば、モノ価格はサービス価格との対比で高くなり、これがパンデミック後の新たな価格体系となるでしょう。モノ価格とサービス価格の変化は先進各国ですでに始まっていて（図3－6）、今後も続くと考えられます。

脱グローバル化は、貿易の対象となりやすい商品（貿易財）の価格と、中国等の労働者と競合する先進各国の労働者の賃金を押し上げる方向に作用するでしょう。貿易財の価格や賃金がグローバル化以前の水準に戻るかどうかは不確かですが、新たな価格体系の下では、今よりも高い価格・賃金となるのは間違いありません。

現在進行しているインフレは、新たな価格体系へと世界経済が移行する過程で発生している現象と見ることができます。そして、こうした見方に立つと、インフレのこれからについて大事なことが見えてくるように思います。

日本で「逆転」は起こるのか

新たな価格体系への移行は、時間はかかるかもしれませんが、いずれは完了します。そのときにはインフレも止まります。その意味で、インフレは一過性の現象であり、永続するものではありません。ただし、新たな価格体系への移行にどれだけ時間がかかるかは今のところわかりません。「一過性」が数四半期なのか、数年なのか、それ以上なのかは、残念ながら誰にもわからないというのが実情です。

労働者、消費者、企業の行動変容が永続的だとすれば、新たな価格体系への移行は不可避であり、移行過程で発生するさまざまな価格の変化も避けて通れません。それを踏まえると、移行過程で発生する価格変化を「止める」のではなく、「受け入れる」という発想の転換が必要になります。

たとえば、サービスからモノへの需要シフトについて言えば、モノの価格がサービスとの対比で高まることにより、企業はモノ産業の機械設備と労働を増やす誘因をもつ一方、サービス産業での設備と労働は相対的に減少させようとします。これを望ましくない動きとして止めようとしても不可能であり、そうすべきでもありません。各国政府は、このような労働と資本の産業間の移動が円滑に行われるよう、環境整備を進める必要があります。

この点で懸念されるのは、日本でそうした移動がきちんとなされるかどうかです。日本は、衰退産業から成長産業への資本や労働の移動がうまくいかないとの指摘がパンデミック前からありました。今回も同様の問題が起こらないか心配です。

日本の遅れは、労働供給の減少にともなう賃金調整についても懸念されるところです。米国等では賃金上昇というかたちで移行がすでに始まっているのに対して、日本では今のところ賃金調整は始まっていません。日本の現状からすると、人手不足で賃金が上がるのは夢物語という声も少なくありません。しかしパンデミックはウイルスと人類の闘いであり、過去2年間の経験から明らかなように、ウイルスの前では国籍の違いは意味をもちません。パンデミックの後遺症として労働供給の減少が起こるのであれば、日本だけ例外ということはあり得ないだろうと、私は考えています。

第４章　日本だけが苦しむ「２つの病」

——デフレという慢性病と急性インフレ

1・取り残された日本

本書ではここまで、米国などの国外の事例や世界全体を見わたす視点から、今回のインフレについて語ってきました。ですが、読者のみなさんからすれば、世界のインフレはたしかに重要だし関心があるけれども、やはり日本のことが詳しく知りたいと思うところかもしれません。なんと言っても、自分たちの生活に直結するのは国内経済がどのようになるのかということですから、それは当然のことだと思います。

そこで本章では、これまで見てきた世界的インフレについての理解を踏まえながら、パンデミック前後の日本経済に何が起こったのか、この先どうなるのかを詳しく考えてみたいと思います。

「世界のインフレ率ランキング」2022年

まずは、パンデミック前の日本経済と物価はどのようになっていたのかと言うと、1990年代半ば以降、日本は四半世紀にわたってインフレ率がきわめて低い状態が続いていました。商品（モノとサービス）の値段はほとんど動かない状態が続いていたのです。しかし、そこにインフレがやってきました。

２０２２年になると、モノやサービスの値上げに関する記事をメディアで見かけることが増えるようになりました。同年夏に行われた参議院選挙では「物価高」が争点のひとつと言われ、その後に行われた内閣改造や国会においても、「物価対策」が重要なアジェンダとされていました。こうした報道に日常的にふれるようになった世の中の人々のあいだでは、現在の日本のインフレ率はかなり高くなったという認識が広がっているかもしれません。

それでは、実際に日本のインフレ率はどのような値となっているでしょうか。ここでひとつの興味深い、そして驚くべきデータをお見せします。

図４ｰ１は、ＩＭＦ（国際通貨基金）が２０２２年４月にまとめた、加盟国全体の２０２２年インフレ率ランキングです。２０２２年がまだ終わっていない段階の集計なので、ここでの数字は各国でこれまで公表されてきた毎月の数字をもとにＩＭＦが予測したものです。予測ではありますがこれまでの実績に照らして確度はかなり高いと考えてよいと思います。

上から高い順に、各国のインフレ率が並んでいます。日本はどの位置にあるかと言うと、なんとこの図のいちばん下、ＩＭＦに加盟する１９２ヵ国中の最下位となっています。そのＩＭＦが予測した２０２２年のインフレ率は、０・９８４％となっています。つ

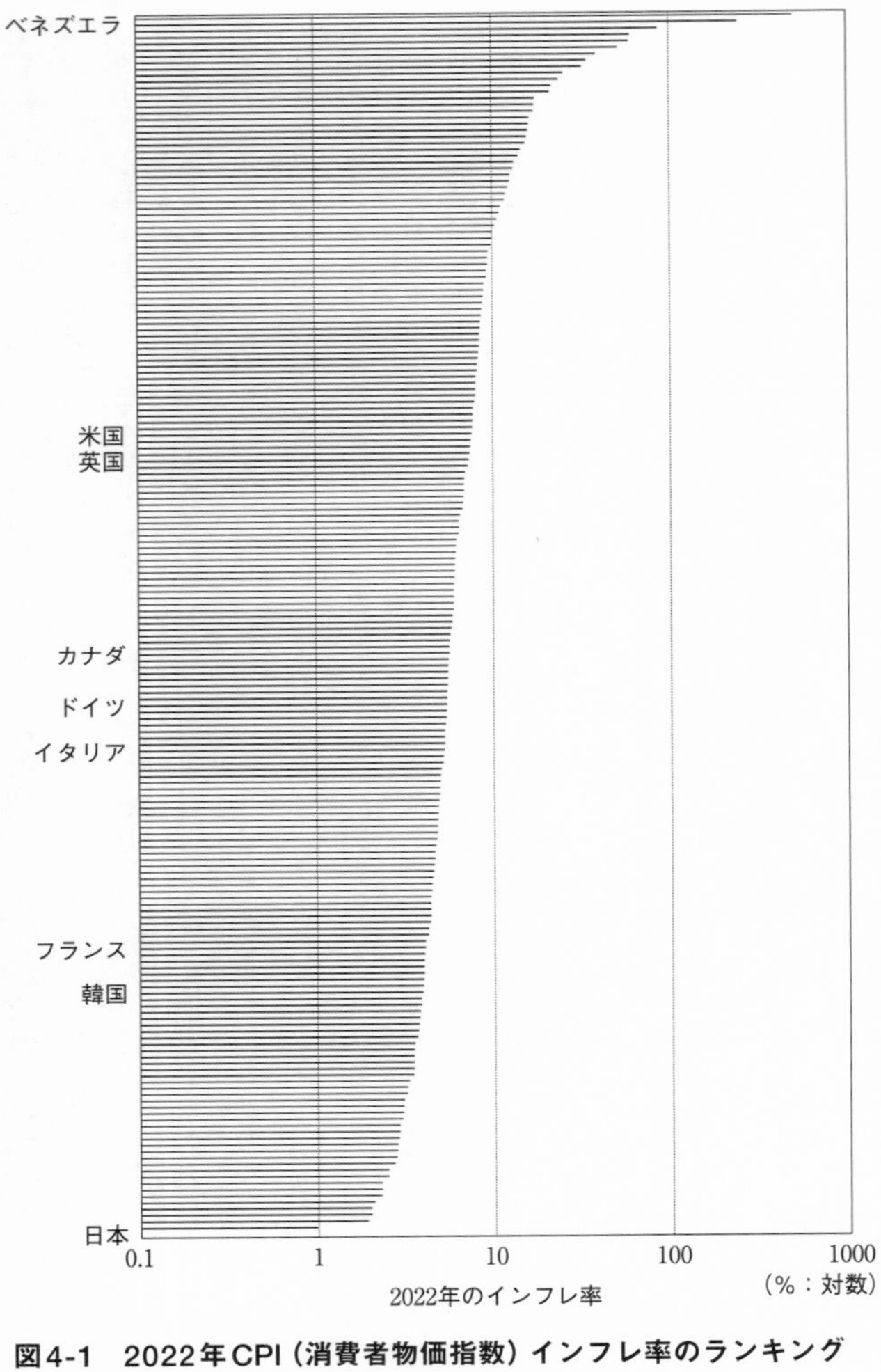

図4-1　2022年CPI（消費者物価指数）インフレ率のランキング

まり、日本の物価上昇率は1%にも満たないと予測されているのです。

ランキングのいちばん上にあるベネズエラは500%を超えるインフレ率で、その次はスーダンの245%、さらにジンバブエの87%と続きます。このような「ハイパーインフレーション」の国々はまったく違う力学が働いているので例外と言ってもよいでしょうが、他の先進国も、たとえば米国は7・68%、英国は7・41%、ドイツは5・46%となっています。どの国も、インフレターゲティング(前章参照)の下で中央銀行が目標値として設定している2%を超えている点に注意が必要です。

ただし、今回のインフレについては、米欧は日本と状況が大きく違います。パンデミック後の経済再開も日本よりずっと進んでいますし、ウクライナの戦争の影響を受ける度合いも日本とは比較になりません。その点、おとなりの韓国は日本との比較にちょうどよいと言えます。戦場から離れているという点でも、また、経済再開が始まったばかりという点でも、日本と状況がよく似ているからです。しかしその韓国でもインフレ率は3・95%であり、日本を3%ポイント近く上まわっています。

日本は「取り残されている」

このデータを見る限り、2022年現在の日本のインフレは、物価高が喫緊の課題であ

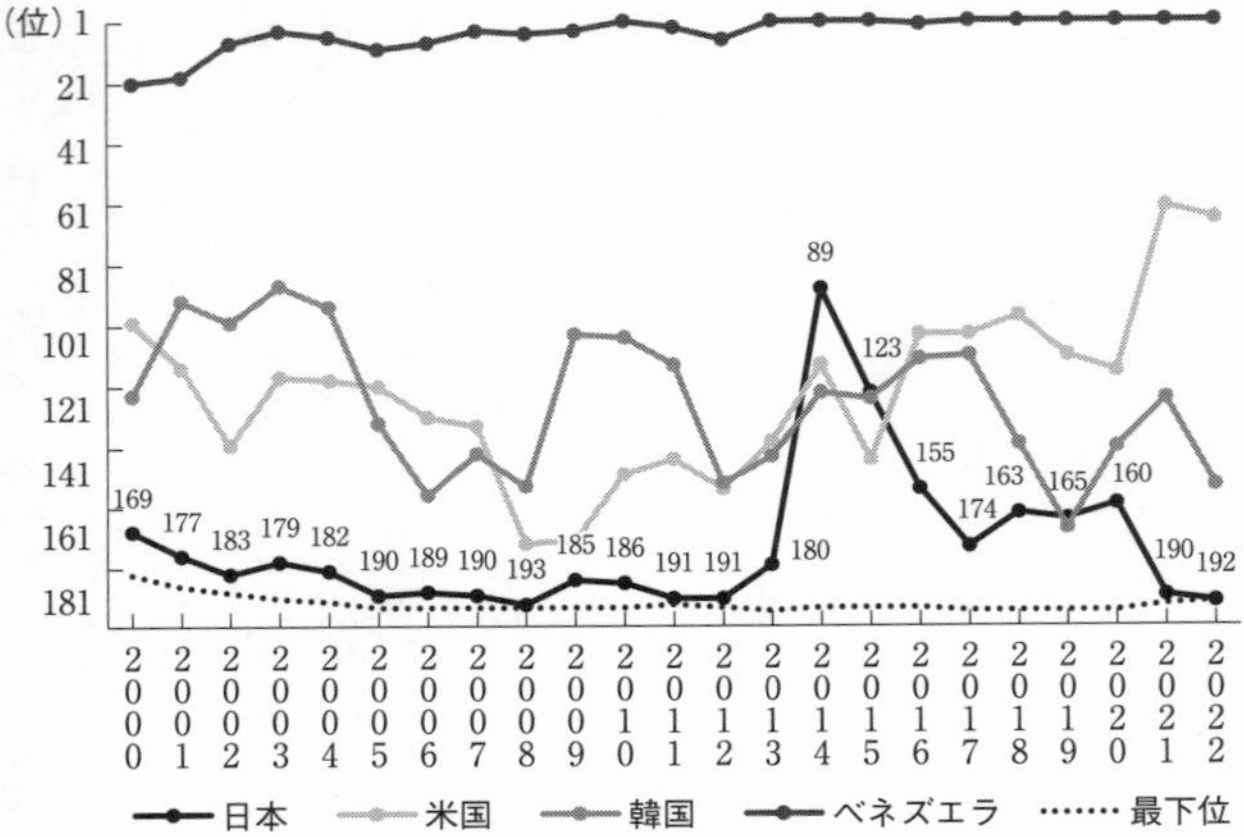

※グラフ中の数値は日本の順位

図4-2　CPIインフレ率の順位

るとメディアが謳うのとは裏腹に、少なくとも他国との比較においては圧倒的に低いインフレ率であり、危険な水準とは言い難い状況であることがわかります。むしろ、日本が世界各国から「取り残されている」、異様な状態にあると私はみています。なお、IMFの予測は2022年4月時点のもので、日本のインフレ率が4月以降、加速したことは反映されていません。しかし仮にそれを勘案したとしても、最下位またはブービーで、「取り残されている」ことに変わりはありません。

実は「取り残されている」のは今に始まった話ではありません。**図4－2**は、日本・米国・韓国・ベネズエラの各国について、2000年以降のインフレ率ランキングがどのように推移してきたかをチャートにしたものです。なお、図4－1のときは予測値でしたが、こちらはCPI（消費者物価指数）インフレ率の実績値を用いています。

一貫して上位を維持しているのがベネズエラで、中間で上下しているのが、日本、米国、韓国です。底を這うようになっている点線は、各年の最下位国の順位を示しています（年によって調査対象国の数が変わるため、最下位国の順位が変動しています）。

日本の位置を見ると、2000年からほぼずっと最下位近くで推移してきたことがわかります。例外は2014年で、このときに大きく順位を上げていますが、これは消費税率の引き上げが行われた影響によるもので、実力で順位を上げたとは言えません。

そして注目すべきは、2021年以降、日本がふたたび最下位になっていることです。つまり日本は、パンデミック後の世界的なインフレが発生する前も後も、相対的にはあまり物価が上がらない国だったということがわかります。

海外の雑誌などを見ると、東アジアは総じてインフレ率が低く、その中でも日本はとくに低くて、米欧のようなインフレ問題は存在しないという書き方をしているものもあるほどです。日本に値上げの波が来ているのは事実であり、そのこと自体を否定するつもりは毛頭ありません。ですが、日本語メディアの報道と海外の視線には大きな隔たりがあることは、認識しておいたほうがよいでしょう。

「最下位」の何がダメなのか

ところで、「最下位」で何がまずいのでしょうか。GDP成長率のような数値であれば高いほうがよいに決まっているけれど、インフレ率は高いほうが困るのだから、最下位でよいじゃないかと思う方もいると思います。ベネズエラやスーダンはもちろんのこと、米国や欧州諸国でもインフレ率が高すぎることが問題になっているのであり、だからこそ、これらの国では中央銀行や政府がインフレ率を下げる施策を懸命に打ち出しているのです。

しかし、高すぎるインフレ率が望ましくないのと同様に、低すぎるインフレ率も困りものです。多くの中央銀行が採用しているインフレターゲティングという制度においてその目標値を「2％」としているのには、それより上がまずいというだけでなく、それより「下」も望ましくないという意味もあるのです。

それにしても2％というのは不思議な数字です。物価は上がりもせず下がりもせず安定しているのがいちばんというのが健全な常識だとすれば、目標は「ゼロ％」になるはずです。なぜゼロではなく2なのでしょうか。「2」という数字の根拠を説明するのは本書の域を超えるので立ち入ることはしませんが、なぜ「ゼロ」ではなく「ゼロを超える」数値なのかというのは、本書の主題に深くかかわる点なので、要点だけ説明しておくことにします。

下にある限界

２０２２年の米欧のように、中央銀行はインフレが起こると金利を引き上げることで対応します。容易に想像できるように、インフレが激しければその分、金利の引き上げ幅も大きくなります。しかも都合のよいことに、金利は青天井でどこまでも引き上げることができます。ですから、どんなに激しいインフレでも、中央銀行は金利引き上げで十分対応可能なのです。

ところが、インフレ率がゼロを下まわる場合、つまりデフレのときは事情が大きく異なります。インフレで金利を上げるのとは反対に、デフレでは金利を下げるわけですが、どこまでも下げられるかと言うと、そんなことはありません。「マイナス金利」というのを聞いたことがあるぞ、ゼロを下まわる金利も可能じゃないか、というように思われる方もいるかもしれません。たしかに、ゼロを下まわる水準まで金利を下げることはできなくはないのですが、どこまでも下げていけるかと言うと決してそうではなく、金利には下限というものがあるのです。どこが下限かを数字で表すのは難しいですが、研究者のあいだではマイナス２％あたりが下限と理解されています。

デフレが起これば、中央銀行は金利を下げます。激しいデフレであればその分、金利の下げ幅も大きくなります。ここまではインフレのときと同じです。しかし金利には下限があるため、デフレがさらに激しくなると、中央銀行はもう対応できなくなるというポイントに、いつかは突き当たります。

つまり、中央銀行はインフレには強いがデフレに対してはそれほどでもないということです。そうであるなら、平時のインフレ率は「ゼロ」ではなく「ゼロを超える」値にしておくことで、デフレへの備えを厚くするのが賢明ということになります。先進各国の中央銀行がインフレターゲティングの目標値を「ゼロ」ではなく「ゼロを超える」値に設定している理由はここにあります。

広がる世界との格差

「最下位」で何がまずいのかに話を戻しましょう。日本の数字はゼロを超えているので、その意味では最下位でも何の問題もありません。むしろ、米欧のようにゼロを大きく超えてしまうことと比べれば、ゼロを少し超える程度であるほうがずっとましです。最下位だからといって肩を落とす必要はありません。

しかしながら、ゼロを超えるか否かということとは別に、消費者物価の上昇率が長いあいだ最下位あたりにあるということに、まったく問題がないとは言えません。消費者物価の水準の格差が日本とその他の国々とで年々拡大し、そしてそれが積もり積もっていくと、日本の物価が海外の物価に比べて3割も4割も安いという、大きな内外価格差が生まれてしまうからです。中藤玲氏の著書で有名になった「安いニッポン」と呼ばれる現象です。こちらは安くても気にしないと割り切るのは難しいかもしれません。この論点については、本章末のコラムで詳しく議論しているのでそちらをご覧ください。

輸入品の値上げが進まない

次に、なぜ日本のインフレ率が最下位なのかを考えてみましょう。とくにパンデミック2年目から3年目になって、日本が最下位となった理由は何でしょうか。

図4－3は、2022年の世界各国について、輸入品の物価の上がり方とCPI（消費者物価指数）の上昇率との関係が、どのようになっているかを表したものです。十字マークの一つひとつが、調査対象国を示していて、横軸には2022年1月から4月までの輸入物価インフレ率を、縦軸にはCPIインフレ率（IMFによる2022年の予測値）をとっています。「輸入物価」とは、輸入品が各国に到着した段階の価格のことで、その国の通貨で表示されています。日本の場合は、原油などのエネルギーや小麦等の穀物などが大きな

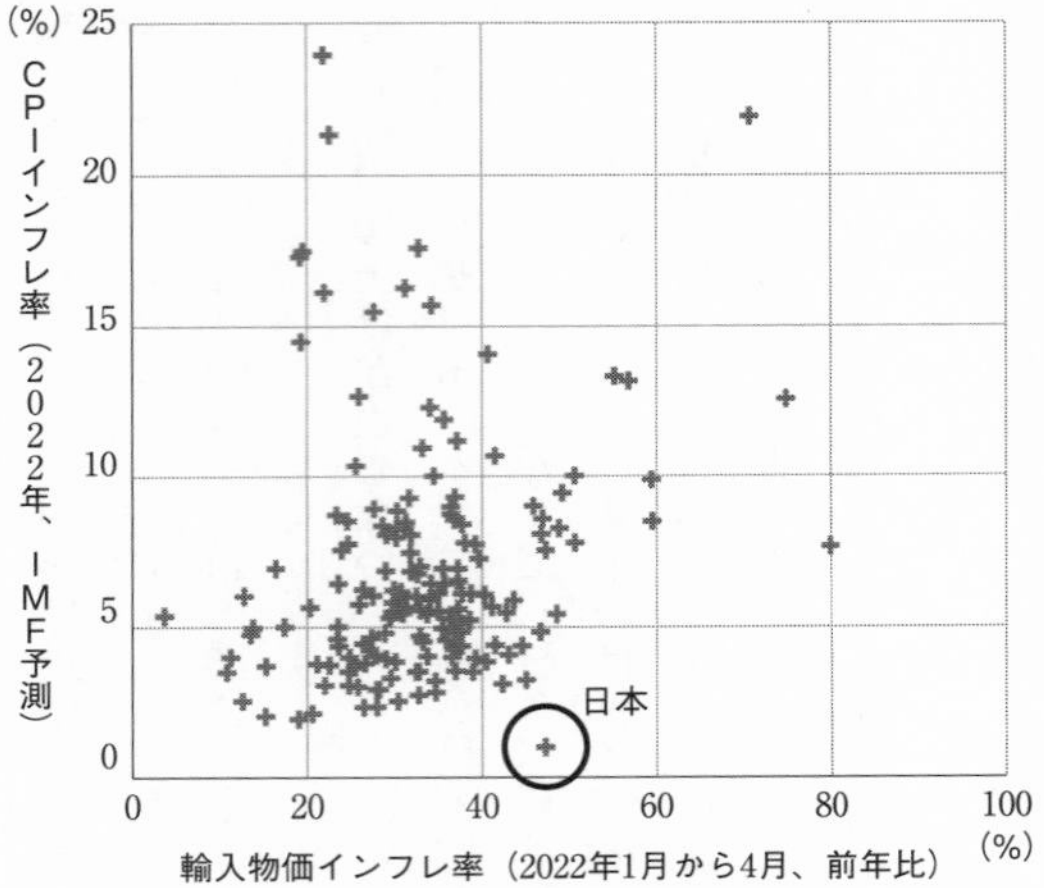

図4-3　輸入物価インフレ率 vs. CPIインフレ率

割合を占めています。

図4－3の点の散らばりを見ると、大まかに言って、左下から右上の方向に点が並ぶ傾向があります。つまり、輸入物価インフレ率の高い国ほどCPIインフレ率が高くなる傾向があるということです。それが何を意味するのかと言うと、2022年のインフレは、各国の国内的な要因によって起こったというよりも、特定のいくつかの国のインフレが貿易を通じてその他の国に飛び火するというかたちで起こったということです。

インフレの震源地は、ひとつは米国や英国などで、これらの国々では、前章で見たように、パンデミックの後遺症として人手不足やモノへの需要シフトが起こりました。もうひとつの震源地は、ウクライナ・ロシアとその近隣の欧州諸国で、戦争と経済制

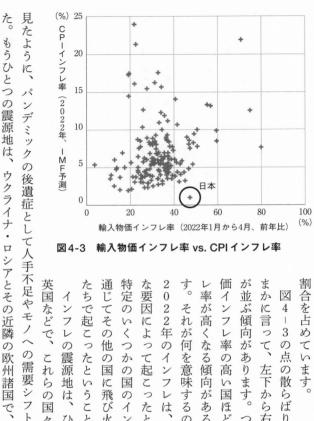

裁の影響で物価が上昇しています。このふたつの震源地から全世界にインフレがばらまかれたのです。

では、日本はこの図のどこに位置しているでしょうか。それは、○囲みで示しているところです。一見してわかるとおり、多くの点が集まるところとは離れています。つまり、日本は世界の傾向から逸脱しているということです。

どのように逸脱しているかというと、横軸に示した輸入物価インフレ率は約50％で、対象国の中でもむしろ上位に位置しています。ご承知のように日本は輸入に依存する度合いの高い国のひとつですが、とりわけエネルギーと穀物は多くを輸入に頼っています。今回のインフレではその2つの品目が激しく上昇しているので、日本の輸入物価も大きく上昇しているのです。

その一方で、日本のCPIインフレ率はほぼゼロで、先ほども見たとおり世界の最下位です。これが何を意味するのかというと、海外から輸入する商品の価格は上がっているが、それが国内価格に転嫁されていないということです。どの国でも、輸入物価の上昇分を完全に国内価格に転嫁しきれているわけではないのですが、日本は転嫁できていない度合いが他国と比べて突出して高いということです。

少し違う見方をすると、日本のCPIインフレ率がほぼゼロで最下位というのは、価格を上げる必要がないから結果的にそうなった、というわけではないということが、ここには示されています。

輸入物価は上がっているので、CPIインフレ率が上昇する素地は十分にあります。それなのに、輸入品を加工し完成品に仕上げる企業や、輸入したエネルギーを利用して生産を行う企業が、エネルギーと輸入原材料の価格の上昇を自社製品の価格に転嫁するのを控えており、その結果、国内価格の上昇が抑えられているのです。

当然のことながら、これらの企業も好き好んで価格転嫁を抑制しているわけではありません。とくに輸入品を多く扱う企業(とりわけ中小企業)にとっては死活問題です。それなのに、価格転嫁を控えざるを得ないわけがあるのです。

では、なぜ日本の企業は価格転嫁がしたくてもできないのでしょうか。海外の企業にそれができて日本の企業にできないのはなぜなのでしょうか。実は、ここに日本が抱えるきわめて大きな問題が潜んでいます。ここからはこの問題について、いくつかの側面から見ていくことにします。

2・デフレという「慢性病」

600品目の物価を集めた「渡辺チャート」

物価はCPI（消費者物価指数）で見るのがもっとも一般的です。日本では総務省統計局がこの統計を作っており、毎月月末になると新しい数字が公表されます。最近は物価が注目を集めており、新聞やテレビでも大々的に報道されるので、気づかれた方も多いのではないかと思います。

ただ、報道されるのは「先月は全体で○％の上昇でした」という数字ばかりです。これを見るだけでは、たとえば先ほど見たように日本が最下位というようなことはわかりますが、なぜ最下位なのかまではわかりません。「なぜ」までたどり着くにはもう少し工夫が必要です。

実は、「○％」という数字の背後には、それを形づくる、もっとたくさんの数字が存在しています。当たり前の事ですが、物価というのは何か単一のものの値段ではありません。世の中で売り買いされているさまざまな品物の値段を集めて作られています。具体的に言えば、日本の消費者物価は約600の品目から構成されています。600品目の中には、シャンプーなどのモノはもちろん、理髪料金などのサービスも含まれています。そうしたさまざまな品目について価格を調査し、それを集計することで○％という数字になるのです（このあたりのより詳しい説明は、拙著『物価とは何か』をご覧ください）。

日本の物価が奇妙なことになっているということは、世界最下位だということからも、ある程度は理解できると思います。私は数年前にこの奇妙さの正体を知りたいと考え、どのようにデータを料理すればよいかと工夫しました。たくさんのデータを使ってあれこれと複雑な分析をすることはもちろんできるのですが、それでは複雑な分析の結果を複雑なかたちで見せるということになってしまいます。そこをひと工夫したかったのです。今風の言葉で言えば、データの可視化です。

そうして私が最終的に行き着いたのは、600品目のそれぞれについて前年の同じ月からどれだけ上がったか下がったか、つまり個別の品目ごとのインフレ率を計算し、その頻度分布を描くという方法でした。誰でも思いつきそうなことですが消費者物価のデータをそのようなかたちで可視化した例はなかったようで、その後、「渡辺チャート」と呼ばれるようになりました。

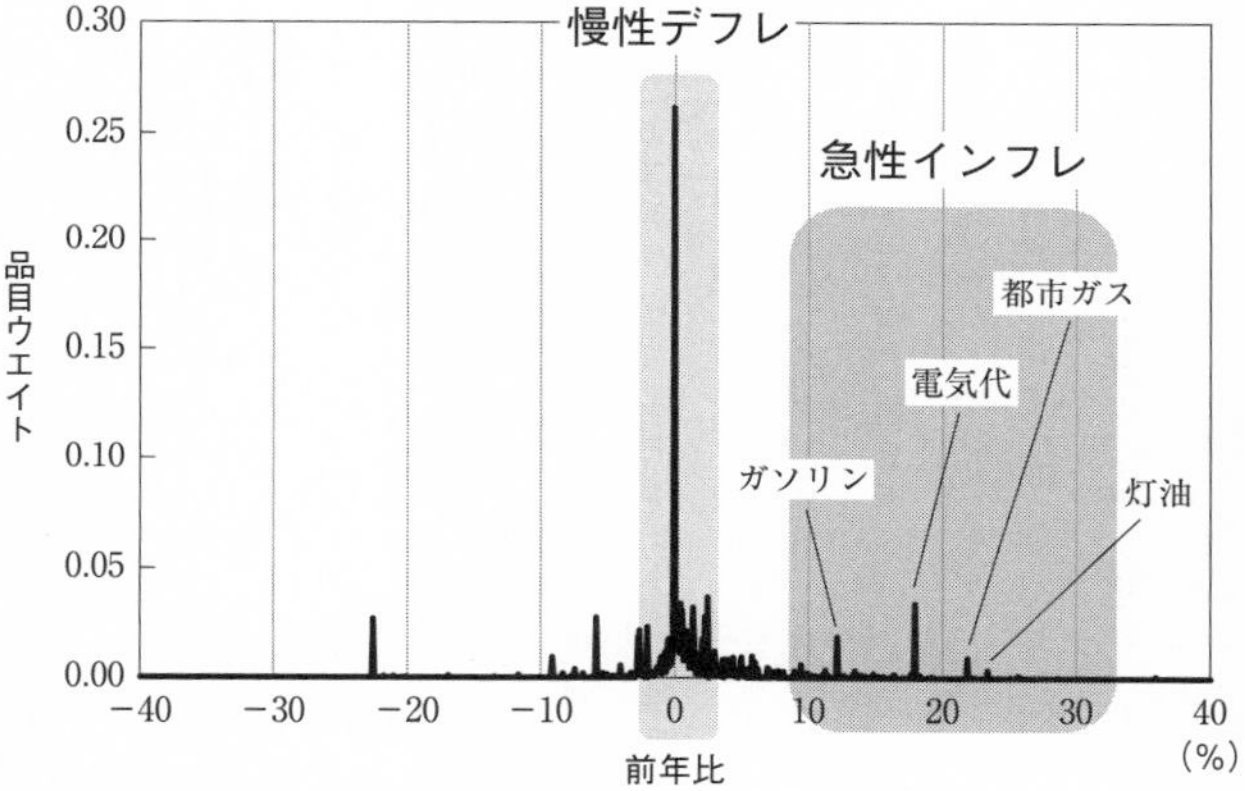

図4-4　品目別価格変化率の分布

値上がりした品目はごくわずかだった

図4－4は2022年6月の数字を使ってそのチャートを描いたものです。横軸は品目別のインフレ率です。たとえばプラス20％というのはその品目が20％上昇したことを、マイナス20％はその品目が20％下落したことを意味します。縦軸は、その品目が600品目全体に占める割合を示しています。割合とは、その品目が何個あるかという「個数」ではなく、その品目の消費金額が全体の消費金額に占める割合にしています。その品目が私たちの生活で重要な品目で、たくさんの金額をそれに費やしている場合は、縦軸方向の棒の高さが高くなります。

このチャートから読み取れる第一のことは、高インフレの進行です。ガソリンなどエネルギー関連の品目が10％を超す高い伸びとなっています。これは、海外発のインフレが国境を越えて侵入してきているということを示しています。本章ではこれを「急性インフレ」と呼ぶことにします。

このチャートのもうひとつの注目点は、横軸のゼロ％の近辺に鋭角的にそびえたつピークです。これは多くの品目がインフレ率ゼロの近辺に集中していることを意味しています。正確に計算すると、私たちが日常的に購入するモノ・サービスのうち約4割がゼロ近辺にあることがわかります。言い換えれば、日本の企業の約4割は昨年と同じ値札をつけているということです。私はこれを日本企業の「価格据え置き慣行」と呼んでいます。この現象は1990年代後半から観察されるようになったのですが、それがいまなお続いており、日本経済の慢性的な病となっています。これを「慢性デフレ」と呼ぶことにします。

米欧のデータを使って同じ図を描いてみると、急性インフレは日本と同じように現れますが、ゼロ％にそびえたつピークは見られません。つまり、慢性デフレは日本に特有の現象だということです。

先ほど述べた、日本のインフレ率が最下位であることや価格転嫁ができないことは、慢性デフレと密接な関係にあります。約4割の品目がゼロ％なのですから、残りの6割がいくら頑張っても全体としてのインフレ率が顕著に高まることは期待できません。だからこそ万年

「最下位」です。また、輸入物価が上がったとしても、約4割の品目はゼロ%で、転嫁率もゼロです。それゆえ、全体としての平均的な転嫁率も低いのです。このように、日本の物価に見られる奇妙さの多くは、ゼロ%の品目がたくさんあるということに起因しています。

日本に「急性インフレ」の治療だけを行うと……

このように、日本は「急性インフレ」と「慢性デフレ」という2つの病を抱えることを、データは示しています。こうした日本の問題の複雑さは、米国と比較すると、よりはっきりと見えてきます。

米国の病は急性インフレだけなので、その治療に専念すればよいことになります。インフレが問題であれば、治療は金融引き締めです。もちろん、どのように、どの程度引き締めるのかという技術的な難しさや、引き締めを嫌がる勢力をどう説得するかという政治的な難しさはあります。しかし、少なくとも原理的にはやるべきことは単純で、貨幣量を減らし金利を上げる。これに尽きます。

実際、米国はその治療をすでに実行に移しています。金融の世界はグローバルにつながっているので、各国の中央銀行が行う金融政策は、多くの場合は同じ方向を向くようになります。ところが、2022年現在、米国が引き締めを始めているのに対し、日本は金融緩和を維持しており、政策の方向が正反対を向く状態となっています。その結果、為替相場が円安方向に不安定化するなど、不都合を引き起こしています。こうしたことを踏まえれば、米国と同じく日本も引き締めに転じるべきという最近よく耳にする主張にも、たしかに一理あると言えるでしょう。

たしかに、日本も米国と同じように引き締めを始めれば、急性インフレという病にはよい効果が期待できます。しかし同時に、引き締めにともない生産や雇用は悪化するので、消費者は生活防衛に走ることになるでしょう。そのとき消費者は、いまよりもさらに価格に敏感になります。そうすると企業は、価格の引き上げによって顧客を失うリスクが高まったと認識し、原価が上昇しても価格を据え置くという姿勢をさらに強めることでしょう。その結果、図4－4のゼロ近辺の品目はさらに増加し、そびえたつピークはもっと高くなります。

このように、金融引き締めは急性インフレという病は癒すことができますが、同時に、日本が長年患ってきている病、慢性デフレをさらに悪化させてしまうことにもなるのです。

「国民性」の問題ではない

日本には価格が動かない品目がたくさんあるという、先ほどの話を講演会などで話すと、

「日本は昔からそうだった」という意見がかならず返ってきます。日本の企業は顧客を大事にするので原価が多少上がっても耐える、それは国民性に根差すものだというのです。しかしデータを見る限り、昔からそうだった、これは国民性だというのは、正しくありません。

図4－5は、モノの価格、サービスの価格、そして賃金がこれまでどのように推移して

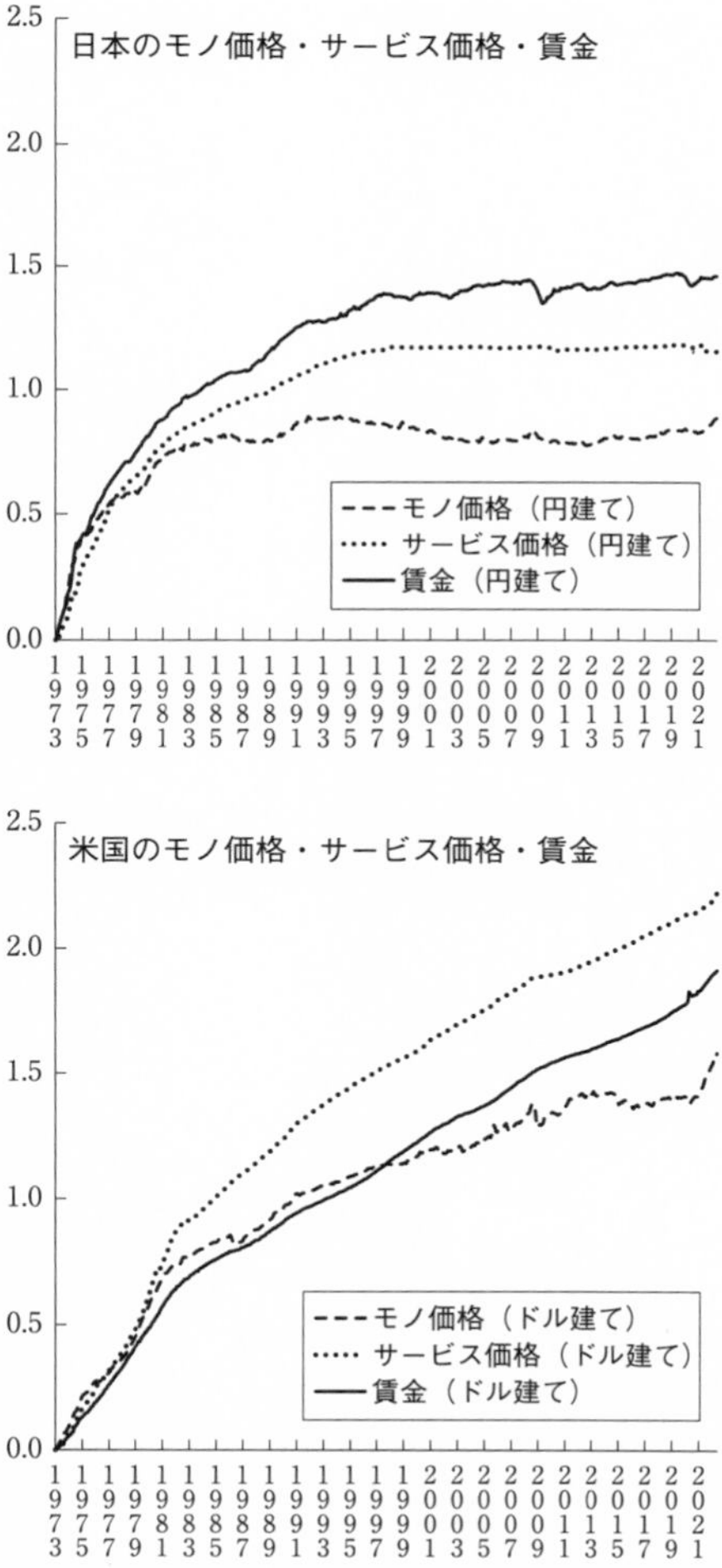

図4-5　日米のモノ価格・サービス価格・賃金

きたかを示したものです。比較のために米国の同じグラフも下に示してあります。図は1973年から始まっていますが、これは変動相場制に移行した年です。固定相場制と変動相場制では物価の決まり方が異なるので、ここでは変動相場制の時期に絞っています。

モノ価格、サービス価格、賃金のいずれも、1973年から95年ごろまでは右肩上がりです。米国の図と比べても、右肩上がりの傾きは遜色なさそうです。つまり、それまで日本の価格は（そして賃金も）しっかり動いていたのです。

1970年代や80年代のデータを使って渡辺チャートを描いてみると、先ほど見たような、ゼロ％のところに高いピークがそびえたつ図にはなりません。ゼロ％が突出して多いということはまったくなく、ピークは2～3％の近辺にあり、米欧のデータを使って描いた図と同じ形状をしています。このことから、昔からそうだった、国民性だからといった説明は的外れであると言えるでしょう。

ところが、1990年代後半以降は、モノ価格、サービス価格、賃金のどれもが、それまでとはまったく異なる動きに変わります。あたかも定規を当てて水平線を描いたかのように、いっさいの動きが止まってしまうのです。これこそが、慢性デフレです。

日本のグラフの異様さは、下の米国のものと比較すると一目瞭然です。米国は95年以降も、それまでとほぼ同じ右肩上がりを続けています。米国以外について同じ図を描いてみても、日本のような奇妙な動きを見せる国はひとつもありません。

凍りついてしまったままの価格と賃金

それにしても、なぜこのような劇的な変化が起こったのでしょうか。詳しくは次節に譲りますが、ここでは、そのタイミングから類推できることを述べておきましょう。1990年代後半に発生した金融危機との関連を指摘しておきたいと思います。

1997年の山一證券の破綻を機に、大手の金融機関が次々と経営難におちいったあの時期のことをご記憶の方も多いだろうと思います。金融危機によって雇用が確保されるかどうかという心配に駆られた人々は、生活を切り詰めるようになりました。そうした中では、当然のことながら消費者は価格に敏感になるので、企業は値上げなど考えることすらできなくなります。どの経営者も守りに入り賃金も凍結されます。このように考えれば、あの当時、価格と賃金がぱったりと動きを止めたのは当然と思えてきます。

しかし不思議なのは、その後のことです。2000年代には金融機関の経営も安定を取り戻し、景気も持ち直したのですが、それでも価格と賃金は横這いのままだったのです。両方ともあたかも凍りついたように動いていません。そしてその状態のまま今日に至っているのです。

動きを停止したのが、モノ価格、サービス価格、賃金の3つ、ほぼ同時だったのは、偶然ではありません。賃金だけが横這いで価格は右肩上がりを続けたとすれば、消費者は生活が成り立ちません。賃金が横這いだとすれば価格も横這いでなければ困るのです。一方、企業にとっては、賃金が右肩上がりで価格は横這いというのでは経営が成り立ちません。価格が横這いなのであれば賃金も横這いでなければ困ります。

かくして、価格も賃金も同時に横這いというのが、両者の「落としどころ」になったと考えられます。本音を言えば、消費者は賃上げが欲しいでしょうし、企業は値上げが欲しいでしょう。しかしそこまで欲張れないとすれば、三つ巴で横這いというのは、それなりに居心地のよい状態と言えなくもありません。だからこそ、それが長続きしているのでしょう。

3・なぜデフレは日本に根づいてしまったのか

いつもの店で値段が上がったらどうするか

では、価格と賃金の凍結は、どのような仕組みで起きているのでしょうか。そして、「急性インフレ」という新たな事態の下で、凍結に何らかの変化は見られるのでしょうか。

このことについて、アンケート調査などで得られたデータをもとに、見ていくことにしましょう。

価格の凍結の根本的な原因は、消費者の「インフレ予想が低すぎる」ことにあります。人々が物価はあまり上がらないと考えていることが、デフレを慢性化させたということです。どういうことか、ふだん利用しているお店が値上げをしたとき、人々がどう反応するかという例で説明しましょう。

まず、米国のように年2〜3％程度のインフレが生じている状況を考えます。この場合、お店が2％の値上げをしたのを見たお客さんはどう反応するでしょうか。そのお客さんは、もともと年2〜3％のインフレは起こるものと想定しています。ですから、そのお店以外の店でも、同じぐらい値上げされているか、あるいはもっと価格が上がっている可能性すらあると考えます。そうであるならば、わざわざ別のお店に行くようなことはせず、ふだん利用しているお店で、2％高くなった値段を受け入れて買い物することを選ぶでしょう。

これに対して、物価が長く変わっていない環境——日本のような——にいる消費者はどうでしょうか。いつもの店に行くと売り物の値段が2％値上げされていたら、どう反応するかを考えます。その人にとっては、商品の値段が上がらないことが当たり前、常識になっています。その常識に照らして、このお店で値段が上がっているのは何か特殊な事情があるのだろうと考えるに違いありません。そして、そういう特殊事情のない他の店では値上げをしていないだろうと予想するでしょう。他店は安いはずと予想しているのですから、2％高い値段で買い物をするはずがありません。踵を返して他店に向かうことでしょう。

物価の上がらない国で、値上げを許さない人々

この設例は、私の同僚の青木浩介教授が論文で提唱している仮説を単純化したもので、拙著『物価とは何か』で青木仮説として紹介しているものです。この仮説を検証するために私は日本を含む5ヵ国の消費者2万人を対象としたアンケート調査を行いました。その結果は青木仮説を支持するものでした。

図4−6、**図4−7**は、英国・米国・カナダ・ドイツ・日本の5ヵ国の消費者を対象として、2021年の8月に行ったアンケート調査の結果を示しています。

この調査では、まず最初に「今後1年で物価はどうなると思いますか？」と尋ねました。その結果は、日本以外の4ヵ国では、物価が「かなり上がる」という回答が、30〜40％にのぼりました。ところが、日本ではそう答えた人の割合は10％未満で、他国よりも大幅に少なかったのです。その一方で、「ほとんど変わらない」という回答の割合は、日本が5ヵ国中もっとも多くなっていました。つまり、日本の消費者は物価は先行き変わらないと予想

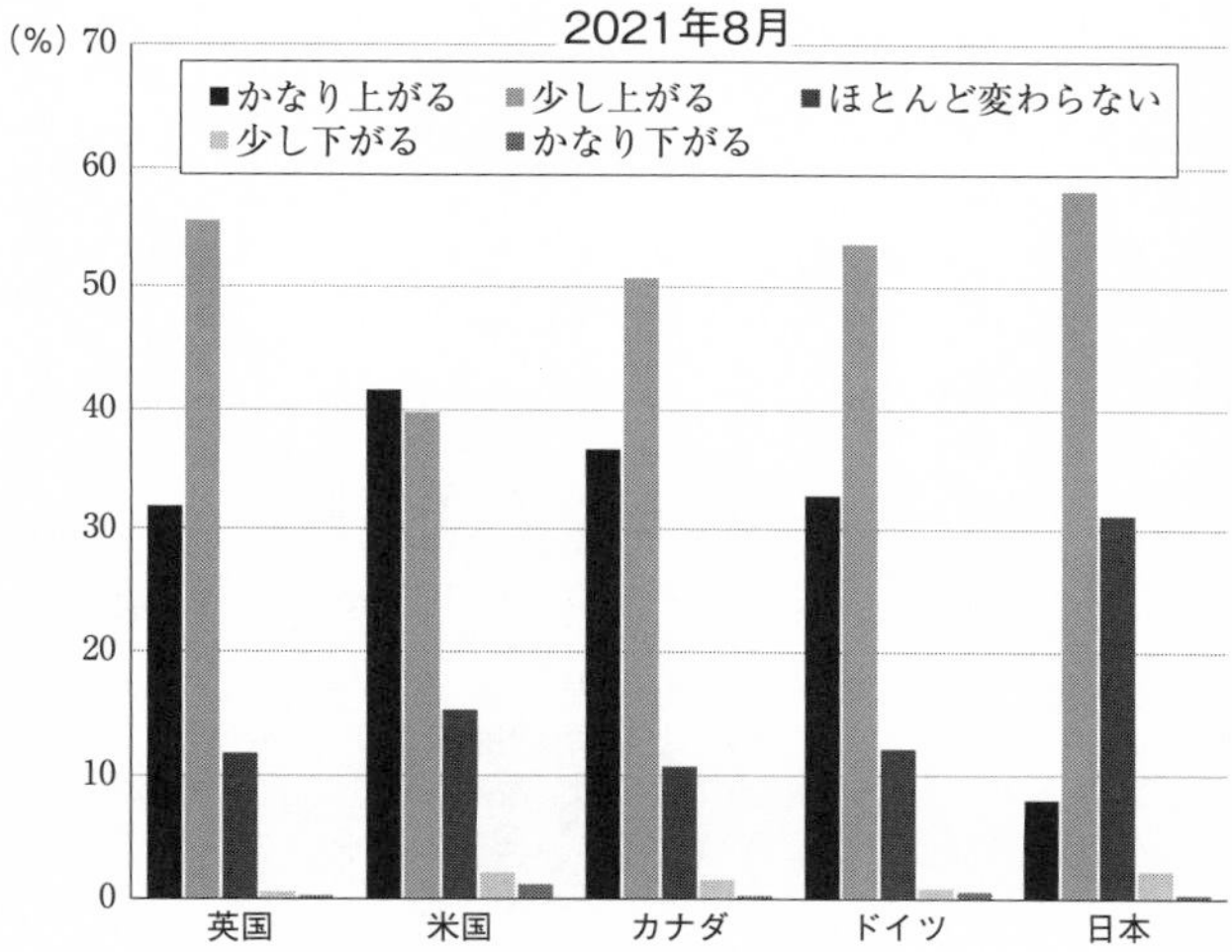

図4-6　今後１年で物価はどうなると思いますか？

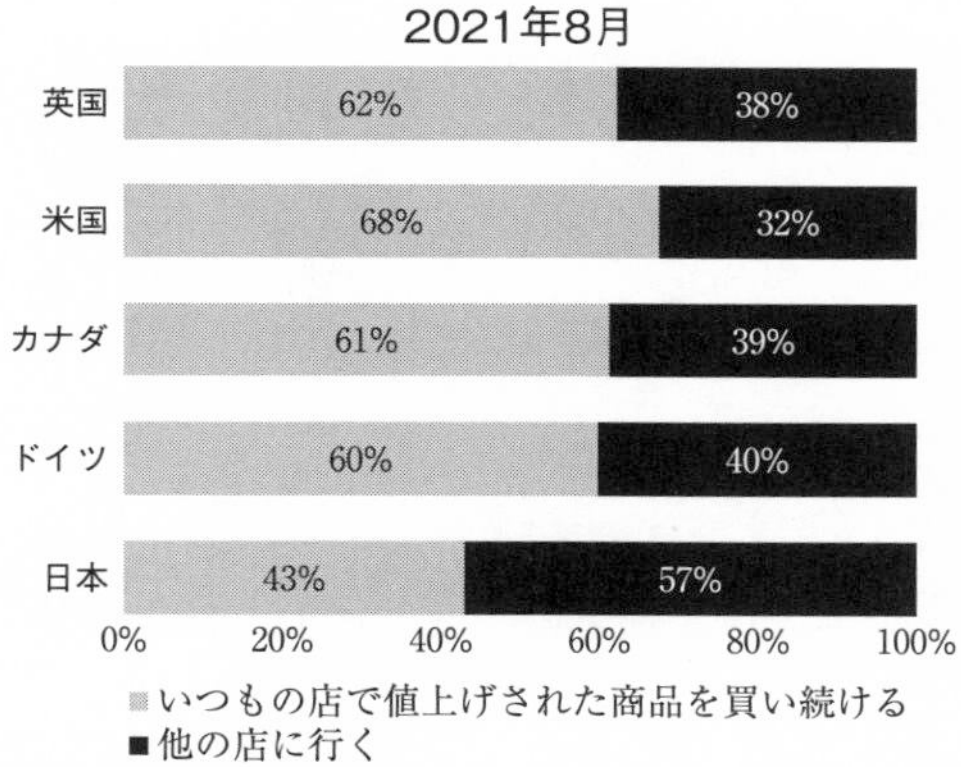

図4-7　行きつけのスーパーマーケットでいつも購入している商品を買おうとしたときに、価格が10％上がっていたらどうしますか？

していることになり、それはすなわち、日本人のインフレ予想が低いということです。

その次の設問では、「行きつけのスーパーマーケットでいつも購入している商品を買おうとしたときに、価格が10％上がっていたらどうしますか？」と尋ねました。日本の消費者は6割弱が「他の店に行く」と答えたのに対して、日本以外の国では「いつもの店で値上げされた商品を買い続ける」が大勢を占めました。

青木仮説によれば、インフレ予想の高い消費者は、いつもの店でいつもの商品が値上げされても、いつもと変わらずその商品を買い続けます。他店に行っても同じく高いだろうと予想するからです。米欧の消費者は、まさにそのように行動します。これに対してインフレ予想の低い消費者は、いつもの店で値上げに直面すると他の店に逃げます。他店は元の安い値段で売っていると信じているからです。日本の消費者は、まさにこの行動をとっているのです。

「値上げ嫌い」と「価格据え置き慣行」

拙著『物価とは何か』の中で私は、日本の消費者に「値上げ嫌い」というレッテルを貼りました。それは文字どおりの好き嫌いという意味ではなく、先ほど述べたように、値上げを見ると他店に逃げるという行動のことを指しています。米欧の消費者とて値上げが好きということは決してなく、嫌いであることに違いはないでしょう。しかし他店に逃げることはせず、値段が高いその店で我慢して買うという行動をとります。それが日本の消費者との大きな違いです。

日本の消費者が値上げ嫌いなのは、もともとそういう国民性だからというわけではありません。インフレ予想が低いからなのです。では、なぜ日本人のインフレ予想が低いのかと言えば、それは長期にわたってゼロ近辺のインフレを経験してきたからです。

日本人は長いこと、今日の値札は昨日と同じという経験をたくさんの商品についてしてきました。そうした経験を経て、明日の値札もきっと今日と同じだろうと予想するようになったのです。先ほど、価格の凍結は金融危機の時期に始まったと書きましたが、その時期はもちろん、その後も、今日の値札は昨日と同じを繰り返してきたので、それが頭の中に深く沁みついてしまったということです。

「値上げ嫌い」は消費者だけでなく、日本の企業（メーカーや流通業者）の行動も大きく変えました。値上げをしたら日本の消費者は他店に逃げてしまう。日本の企業はこのことを熟知しています。そのため日本の企業は、原価が多少上がってもそれを価格に転嫁することをしません。渡辺チャートでゼロ％のところにピークがそびえたつ異様な光景、つまり企業の「価格据え置き慣行」は、このようにして生まれたのです。

日本社会に沁みついた「ノルム」

「値上げ嫌い」と「価格据え置き慣行」はセットで存在していて、日本社会に生きる人たちにとっては、いまや当たり前のこととなっています。こういう社会の当たり前を、経済学では「ソーシャル・ノルム（社会的規範）」と呼んでいます。ノルムとは、別の言い方をすると、社会の人々が共有する「相場観」です。今どきの言葉で言えば「デフォルト（コンピューターなどでの各種設定における初期状態）」と言い換えるとわかりやすいかもしれません。本書では、物価は動かなくて当たり前、賃金も動かなくて当たり前ということを「物価・賃金ノルム」と呼ぶことにします。

国が違えばソーシャル・ノルムのあり方も違います。物価と賃金が動かないのは、日本社会では当たり前ですが、米国ではまったく通用しません。私がそのことを実感したのは、赤城乳業の「ガリガリ君」というアイスキャンディーが値上げされた際の出来事を知ったときのことでした。

２０１６年にガリガリ君が値上げされたときに、同社の社長が顧客に謝罪するというテレビＣＭが流れました。これはもちろんジョークで、ネットでも公開されたこのＣＭ動画が２００万回超も再生されるなど、大いにウケました。そのおかげもあってか、ガリガリ君の売り上げは値上げ後もさほど落ちなかったそうです。しかし、この一連のエピソードは、米国社会ではまったく違うように受け止められたのです。

「ニューヨーク・タイムズ」紙はこの謝罪CMの画像を1面に掲載し、アイスキャンディーの原材料費の上昇を価格に転嫁するために社長が謝罪しなければならず、日本社会は歪んでいると揶揄したのです。たしかに、米国であれば、原材料費の上昇を価格に転嫁するのは当然であり、むしろ値上げをしない社長がいたとすれば、経営の才がないと責められることでしょう。

An image from a TV ad in which ice cream company executives humbly apologized for raising a price, which is a rarity in Japan.

Costlier Ice Cream Bar Comes With an Apology to Japanese

By JONATHAN SOBLE

図4-8　海外が報じた「ガリガリ君」値上げ

「ニューヨーク・タイムズ」（2016年5月19日）1面掲載の記事。写真はCMのひとコマ

私自身もそうですが、日本社会にどっぷり浸っていると、自分たちにとって当たり前のことは、世界中どこでもそうだろうと思い込みがちです。しかし、価格と賃金に関する日本のノルムは国際的に見てかなり異常なことなのです。インフレ率「最下位」ということは、その象徴とも言えます。私たちはそのことを自覚する必要があります。

4・変化の兆しと2つのシナリオ

失敗したノルムの改革

日本のノルムの問題点を認識し、これを修復しようと考えた最初の政治家は、安倍元首相だったのではないかと思います。当人に直接確認したわけではありませんが、首相就任直後に金融、財政、構造改革の3つの改革をパッケージとして打ち出したことからは、国民のマインドセットを変えようという意図が明瞭に読み取れます。

そのパッケージの中核を成したのが、日銀の異次元緩和でした。これをひとことで言えば、おカネの量を、足元だけでなく先行きにおいても増やし続けるという強いメッセージでした。この異次元緩和は、大幅な円安を起こすところまでは目論見どおりとなりました。しかし、それが物価へと波及しはじめると、国民が悲鳴を上げるようになります。賃金は変わらないままに物価だけが上がりはじめたからです。そうした国民の声を受けた当時の菅義偉官房長官は、これ以上の円安は日本経済の利益にならないという趣旨のメッセージを発し、ほどなくして日銀も同趣旨のメッセージを出します。その途端に円安は止まり、円高へと反転していきました。2015年6月の出来事です。

今から振り返ると、物価・賃金ノルムのうち、物価が動かないという「当たり前」は異次元緩和で崩れかけました。一方、賃金が動かないという「当たり前」のほうは、頑固で崩れませんでした。消費者は、価格が動かなければ賃金が動かなくても我慢できます。企業は、賃金が動かなければ価格が動かなくても我慢できます。物価・賃金ノルムはこうした精妙なバランスの上に成り立っていたものです。そして、その片方は崩れかけましたが、もう片方が崩れなかった。当然のことながら、その事態を消費者は強く拒み、結果としてノルムの改革は失敗に終わりました。

ところが、2021年春に海外で始まったインフレが日本に流入したことで、日本の物価・賃金ノルムは新たな局面を迎えています。ノルムにふたたび綻びが見られはじめたのです。まず、消費者のインフレ予想が上がってきています。これにともなって、消費者の値上げ嫌いも修正されつつあります。さらに企業側の価格据え置き慣行にも、変化の兆しが見られます。いったい何が起こりはじめているのでしょうか。以下、データを見ながら考えていくことにしましょう。

驚きのアンケート結果

先ほど、２０２１年8月に実施したアンケート結果を紹介しました。このアンケートは私の研究室で毎年実施しているものです。２０２２年は5月の連休前に5ヵ国の消費者に向けたアンケートを準備し、それをウェブに載せ、連休をはさんで回収を行いました。米欧からの回答が先行して集まり、日本の回答も連休直前に全体の6割くらい回収ができたので、休みに入る前に暫定的な集計を試みました。

米欧の結果は、インフレの影響を色濃く反映しており、おおむね予想どおりのものでした。驚かされたのは日本の結果です。２０２１年の8月とは大きく異なる傾向が見えたのです。実は、日本の消費者は２０２１年もその前の年も、さらにその前の年も、ずっと同じ傾向でした。とくに、インフレ予想の低さと値上げ嫌いの強さの数字は毎年同じでした。そのため私は、２０２２年もきっと同じ数字が出てくるのだろうという予断をもっていました。ところが、蓋を開けてみるとそれがそうではなかったのです。

最初は、集計の手順が間違っているのではないかと疑ったり、回収数がまだ足りないので偏りが出ているのかもしれないと考えたりしました。しかし、連休明けに手にした最終的な結果を見ると、やはりそれまでと大きく異なる結果であることがはっきりしました。

実際の結果を見てみましょう。まず、日本の消費者のインフレ予想ですが、物価が「か

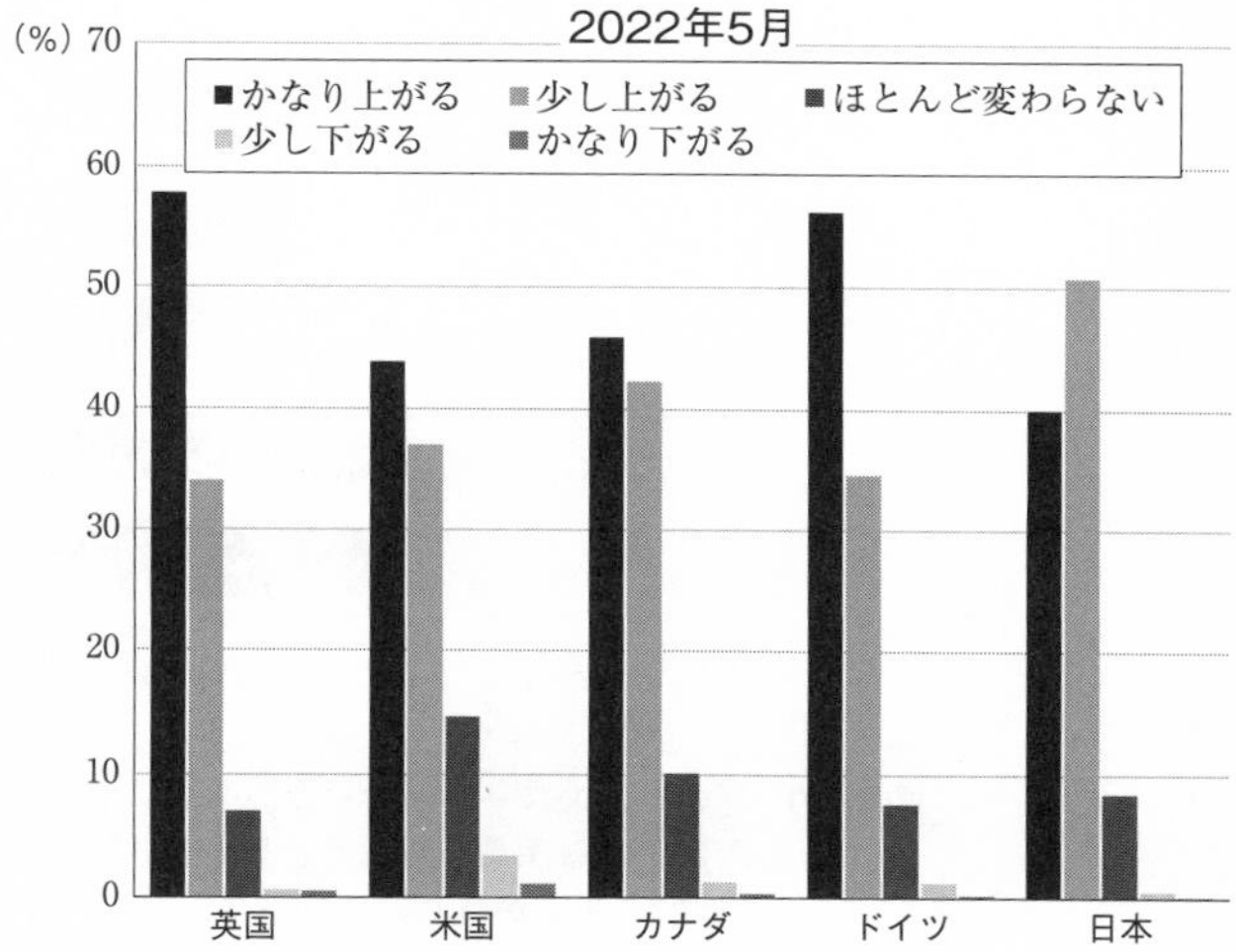

図4-9　今後1年で物価はどうなると思いますか？

なり上がる」という回答が大きく増えています（図4－9）。その一方で、2021年8月の時点で多かった、物価は「ほとんど変わらない」という回答（図4－6）は、顕著に減っています。

米欧の消費者のインフレ予想は2021年8月よりさらに高まったのですが、その米欧の消費者と比べてもほとんど見分けがつかないくらいに、日本の消費者のインフレ予想は上がっていたのです。

次に、値上げ嫌いのほうの結果を見てみましょう。先ほどと同じく、「行きつけのスーパーマーケットでいつも購入している商品を買おうとしたときに、価格が10％上がっていたらどうし

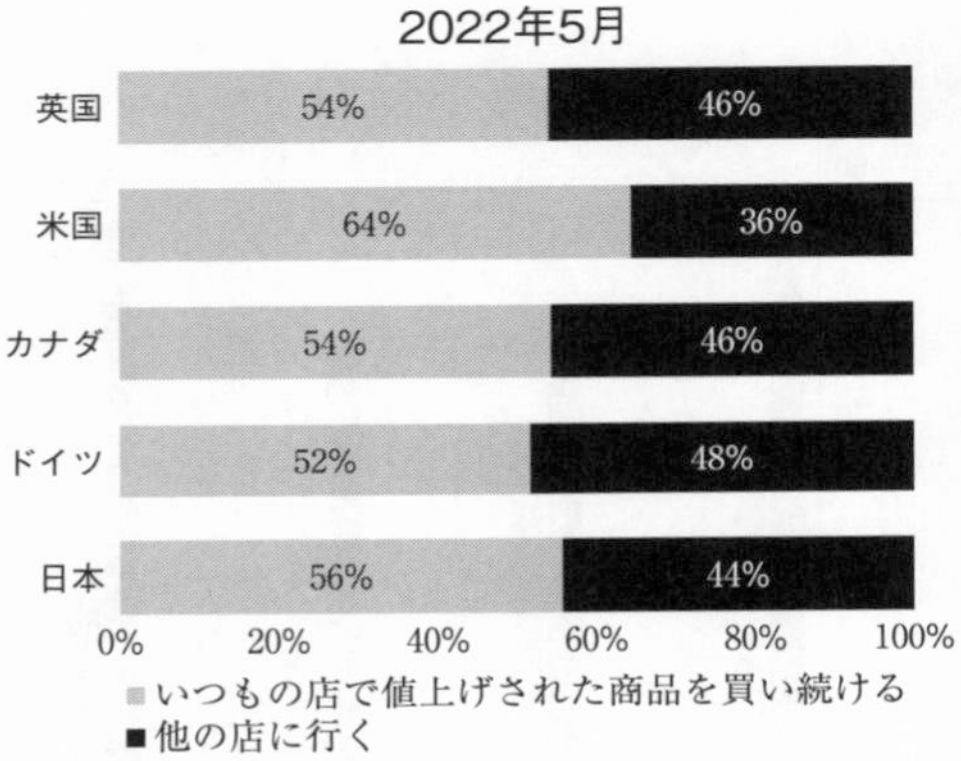

図4-10　行きつけのスーパーマーケットでいつも購入している商品を買おうとしたときに、価格が10%上がっていたらどうしますか？

ますか？」という質問に対する回答です（図4－10）。2021年には日本の消費者の57％が「他の店に行く」と答えていたのですが（図4－7）、2022年はその回答は44％に減り、その代わりに「いつもの店で値上げされた商品を買い続ける」という回答が56％と、過半を占めるようになりました。これも、米欧の消費者と比べて、遜色ありません。日本の消費者の値上げ嫌いは9ヵ月間で大きく変化したと言えます。

インフレ予想の結果と合わせて解釈すると、日本の消費者のインフレ予想が高まった結果、いつもの店で値上げに直面したときに、「他の店に行ってもきっと値段が上がっているだろう」と考えるようになり、だから、この店で高い商品を買うのは不本意ではあるが仕方ないと、行動を変えたということです。

消費者のインフレ予想はなぜ上がりはじめたのか

日本の消費者のインフレ予想の変化は、他の調査にも現れています。

たとえば、内閣府が約8400世帯を対象に毎月実施している「消費動向調査」では、先行き1年間のインフレ率の予想について、それが何%になるかという数字で尋ねています。その結果を見ると、インフレ予想は2020年秋から上昇しはじめ、これまでに4%ポイント上昇しています。同じ時期に実際のインフレ率は3・5%ポイントの上昇だったので、実際に起こったインフレを上まわるスピードで予想が上がったということです。

実際のインフレ率が上がると先々も上がるだろうと予想する人が増えるのは納得できることかと思います。実際、過去のデータを見ても、その傾向が認められます。しかし今回のように実際のインフレ率を追い越す勢いでインフレ予想が上がるというのは、例のないことです。

インフレ予想がこれほどの急ピッチで上がってきているのはなぜでしょうか。いくつかの要因が考えられます。ひとつは、今回の値上げがガソリンなどエネルギー関連と食品に集中していることと関係しています。日本の消費者が先々の物価を予想する際にどういう品目に注目するかを消費者庁が調べた結果によれば、エネルギーと食品の価格をとくに重視する傾向があります。これらの品目は生活に不可欠ですし、頻繁に買うので値札を目にする機会が多いからです。もしかすると1970年代の石油危機がトラウマになっていて、エネルギー価格が動くと「すわインフレ」となるのかもしれません。

もうひとつの理由として考えられるのは、米欧で進行するインフレの影響です。非常に厳しいインフレが米欧で進行していることは、日本でも日々報道されています。また、パンデミックであれ戦争であれ、インフレが起こる背景は米欧も日本も変わらないように思えます。そのため、報道に接した人たちが、米欧と同じことがいよいよ日本でも起こると予想するのかもしれません。

繰り返しますが、少なくとも2022年現在の時点では日本のインフレ率は「最下位」で、依然として他の国とはだいぶ事情が違います。それにもかかわらず、多くの日本人が「すわインフレ」となっているのは、非常に興味深い現象です。

ウイルスが日本にもたらした「チャンス」

日本の消費者のインフレ予想が上がり、値上げ嫌いも是正されたとなると、企業のほうも行動を変えてくることが考えられます。企業がこれまで価格を据え置いてきたのは、値上げすれば顧客が逃げてしまうというおそれがあったからです。それが、いまや客離れをそれほど心配しなくてよいのだとすると、価格据え置き慣行も変わる可能性があります。

実際、渡辺チャートのゼロ近辺にそびえたつピークの高さは、2022年6月現在で36%となっており、それ以前の、40%を優に超え50%に近づくような水準からすると、だいぶ低くなってきています。それでも、依然としてピークが異常に高いことに変わりはなく、そのようなピークのない米欧とは大きな隔たりがなお存在するのですが、改善は改善です。消費者の態度の変化を受け企業のほうも、多少価格づけの態度を変えつつあると言ってよいでしょう。ガリガリ君の赤城乳業は2022年6月に値上げを発表しました。しかし今度は社長の謝罪はありません。海外メディアに揶揄された日本は、ようやく普通の国に近づきつつあるのです。

整理すると、低すぎるインフレ予想・値上げ嫌い・価格据え置き慣行、という日本のノルムを構成するいくつかの要素に、いずれも変化の兆しが現れているということになります。安倍政権からずっと試みられていながら果たされなかったことが、少しずつではありますが、実現しつつあると私はみています。

日本のノルムの歪みは経済の問題なので、本来は経済政策で対処すべきことですし、そうできればよかったと思います。しかし、先ほど述べたように、残念ながらその試みは不首尾に終わりました。そうした中でふたたびノルムの変化の兆しが見えている背景には、パンデミックがあります。ノルム修復の原動力となっているのは実はウイルスなのです。人間（政策）が果たせなかったことをウイルスにやってもらうというのは、虫がいいというか、情けないというか、複雑な思いがします。ですが、ウイルスによってであれ何であれ、与えられたチャンスはしっかり活かすべきなのではないかと、私は考えています。

「日本は世界でも有数の地震大国で、過去に何度も大きな地震に見舞われ、そのたびに社会がリセットされてきた」。私の共同研究者で、地震学者・経済学者の二刀流でもある、ディディエ・ソネット教授は、チューリヒのキャンパス近くの小さなレストランで彼の仮説を披露してくれました。日本人はなぜわざわざ不安定な地盤を選んで国を作ったのかという、私の素朴な疑問に対する彼の回答でした。「社会がリセットされる」とは、その社会を形づくるさまざまな既得権益と、その社会の「当たり前」がいったんご破算になるという意味です。日本は地震という外生的な力により社会のリセットを定期的に行うことができ、それが社会を前に進める原動力となった、というのが彼の言いたかったことです。これに対して、彼の母国であるフランスのように自然災害の少ない国は、外生的なリセットに頼れない。だから人為的な（内生的な）リセットの仕組みとして、革命のような大掛かりな社会的イベントが必要になるというように彼の話は続きます。彼の説に100％同意というわけではありませんが、物価を取り巻く「当たり前」を内生的に壊すことができなかった私たちの社会が、ウイルスという、外生的な力に頼ろうとするのは必ずしも偶然ではないのかもしれません。

9割の労働者は「賃金は上がらない」と考えている

さて、日本のノルム問題はこれで一気に解決に向かうのでしょうか。どうもそうではなさそうです。越えなければならない大きな山がもうひとつあります。

日本のノルムは物価と賃金の両方にかかわるものだと先ほど説明しました。消費者は価格が動かないことを前提に賃金が動かないのを我慢する。企業は賃金が動かないことを前提に価格据え置きを受け入れる。このバランスがノルムの持続性を生んだのでした。いま起こりはじめているのは、インフレ予想の上昇を起点として、消費者が価格の上昇をやむを得ざるものと受け止めるようになり、それに呼応して、企業が価格への転嫁を始めているということです。

しかし、消費者が価格上昇を甘受すると言っても、賃金が変わらないうちはそれは長続きしません。ノルム問題の抜本的解決には、「価格も賃金も動かない」というノルムから「価格も賃金も上昇する」というノルムへの乗り換えが必要なのです。

しかし、データは、賃金上昇までの道のりが前途多難だということを示しています。図

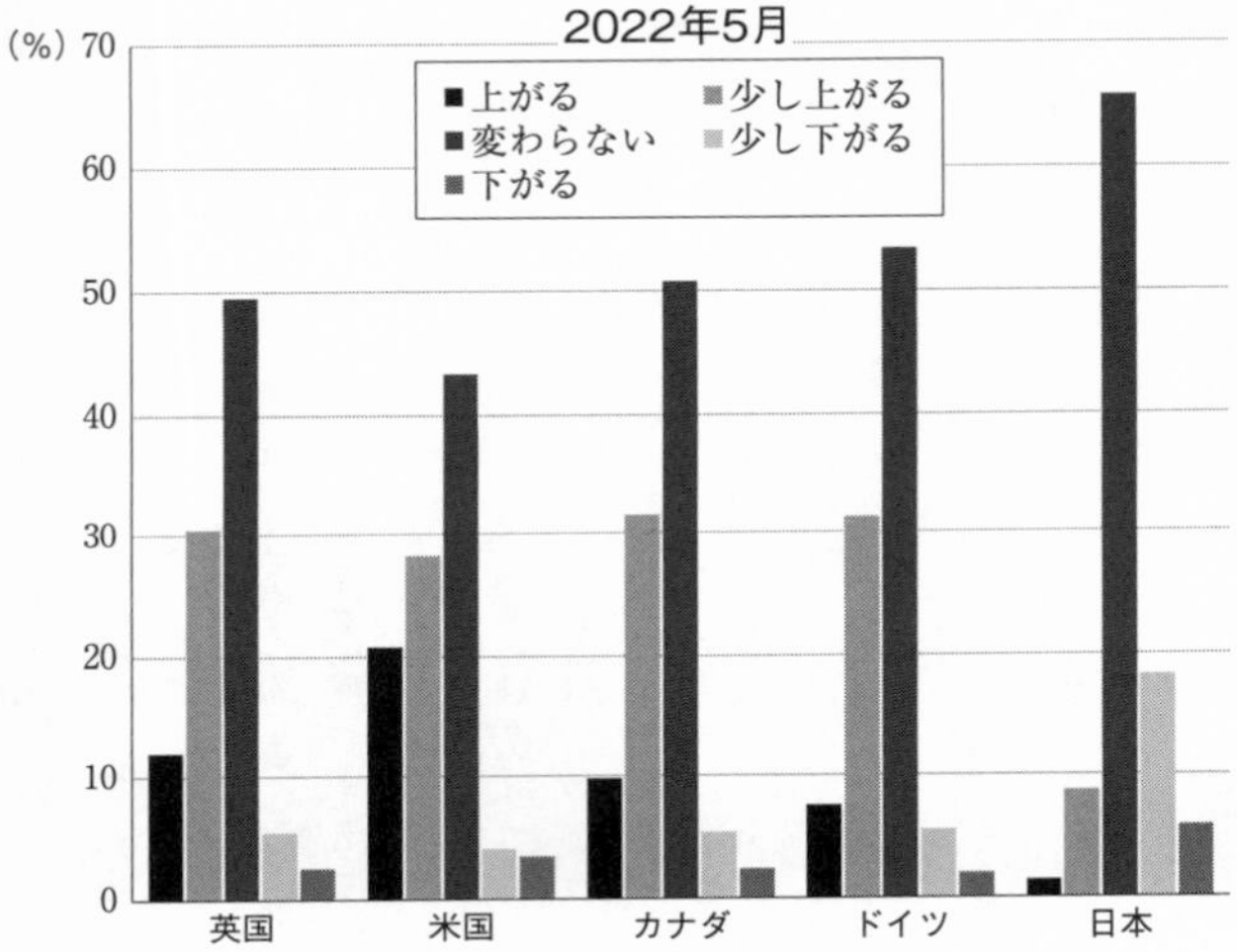

図4-11　１年後のあなたの給与はどうなると思いますか？

4-11は、先ほどと同じ5ヵ国の人々に、自分の給与は先々1年でどう変わると思うかを、2022年5月の時点で尋ねた結果を示しています。

日本以外の4ヵ国では、給与が「上がる」「少し上がる」という回答の合計が、40％を超えました。米欧では、物価だけでなく、人手不足を背景として賃金も上昇してきているので、その勢いが今後も続くと多くの人が予想しているのです。

これに対して日本は、「上がる」「少し上がる」と答えた人はわずかに10％でした。米欧との差は歴然としています。その代わりに多かったのは、給与は「変わらない」という回答で、65％

を占めています。日本のノルムのうち、「賃金は動かない」の部分は、パンデミックを経てもまったく動きがないということです。それどころか、給与が「少し下がる」「下がる」も20％を超えています。日本の賃金環境が米欧との対比において、きわめて厳しい状況にあることを示しています。

2つの分かれ道——シナリオ①スタグフレーションの到来

以上の結果を踏まえ、この先、日本のノルムがどうなっていくかを考えてみましょう。結論を先取りすると、日本は、今までのノルムを維持するか、それとも、米欧と同じノルムに移行するかの分かれ道にあります。

まず、日本でこのままインフレが進行し、しかしそれでも賃金に変化が起こらない場合、どうなるかを考えてみましょう。物価が上がる一方で賃金が据え置かれるのですから、実質賃金（賃金を物価で割ったもの）が低下します。労働者の実入りが実質的に減って購買力が落ちるということです。そうなると節約するしか手はありません。人々は消費の量を減らし、消費が落ちればそれに連動してGDPも落ちます。

インフレはそれ単独でも望ましくありませんが、もっと困るのは物価が上がると同時に景気が悪化する（GDPが低下する）という事態です。景気悪化はスタグネーション（stagnation）

と言いますが、それとインフレ（inflation）が同時進行するということです。そのような状況を、両方の単語を掛け合わせてスタグフレーション（stagflation）と呼んでいます。景気が悪ければ物価も下がる、景気が良ければ物価も上がる。普通はこのどちらかですが、景気と物価の悪いところだけを寄せ集めたような状態がスタグフレーションです。日本はこの状態におちいる危険があるのです。

スタグフレーションのリスクがあるのは米欧も同じです。米欧のインフレは日本とは比較にならないほど高く、額面上で見た賃金（名目賃金）も上がってはいるのですが、その上げ幅は物価の上昇に追いついてはおらず、実質的には賃金は下がっています。実質賃金の低下に加え、利上げが行われていることもあって、米欧の消費は落ち込み始めています。実質賃金の低下と金融引き締めが今後も続くと、消費の低迷がもっと深刻化して、スタグフレーションにおちいる可能性があります。

ただし、米欧は賃金が上がっているだけ日本よりましです。とくに、欧州では労働者が賃上げ要求の声を強め、ストを打つといった動きも広がってきており、賃上げは今後、加速する可能性があります。そうなれば欧州では消費の大幅な落ち込みは避けられるかもしれません。

米欧と同様、もしかしたらそれ以上の厳しさのスタグフレーションに日本が突入したらその先に何が待っているでしょうか。過去の不況期にそうであったように、日本の消費者は価格を厳しくチェックするようになるでしょう。少しでも安く買うために特売の店を熱心に探したり、購入する商品の質を少し下げたりといったことを行うはずです。

このように消費者が「値上げ嫌い」のギアを上げると、企業はいま以上に値上げをしにくくなるでしょう。多少原価が上がったとしても、それを価格に転嫁することはできなくなり、企業の価格据え置き慣行がいま以上に広がることになります。そうなれば、企業には賃上げの余力などなくなり、賃金の据え置きもいま以上に徹底されることでしょう。場合によっては、賃上げどころか賃金の引き下げもあるかもしれません。

繰り返しになりますが、価格と賃金がともに凍りついたように動かないというのは絶妙なバランスの上に成り立っています。これまで日本の消費者が何とかしのいでこれたのは、賃金不変であっても価格も動かなかったからです。企業が何とかしのいでこれたのは、価格不変でも賃金も動かなかったからです。しかし、このスタグフレーションのシナリオは、この絶妙なバランスが崩壊してしまうことを意味しています。

日本がガラパゴスのような孤島であれば、もしかしたらずっとこの絶妙なバランスを維持できるのかもしれません。しかし日本はもちろん孤島ではなく、現にいまも、海外からのインフレが流入してきており、それがバランスを壊そうとしているのです。

もとより、価格と賃金がともに凍りついたように動かない慣習がはびこる社会は、活力に欠けた状態であると言わざるを得ず、それを積極的に肯定する気持ちには私はなれません。しかし事態はより深刻で、その「動かない社会」すらも、今後維持できなくなるリスクがあるということなのです。

2つの分かれ道——シナリオ②慢性デフレからの脱却

2022年の春先に、米欧のインフレが日本に流入することで日本のノルムはどう変わるだろうかと考えたことがあります。そのときに最初に考えたのは先ほど述べたスタグフレーションのシナリオでした。このシナリオは、「慢性デフレ」と「急性インフレ」という言葉を使えば、急性インフレという新たな病気に罹ることで、もともと患っていた病気である慢性デフレも悪化してしまうことだと整理できます。実際、急性の病に罹ったことで慢性の病気が悪化するという話を見聞きしたり、身をもって味わってしまった方もいることでしょう。

しかし私は、今回のインフレという急性の病は、必ずしも悪い影響をもたらすとは限らず、日本の慢性病を好転させることもあり得るのではないかと考えました。毒をもって毒を制す、というわけです。そしてよく考えてみた結果、たしかにその可能性があり得るという結論に達しました。

それはこういうシナリオでした。慢性デフレの根本原因は日本の消費者のインフレ予想の低さでした。これが消費者の値上げ嫌いを生み、さらには企業の価格据え置き慣行を生みました。そうであるならば、何はともあれ日本の消費者のインフレ予想を上げることが大事です。私は、急性インフレが日本に流入するのをきっかけとして、日本の消費者のインフレ予想が上がり始めるのではないかと考えました。もしそうなれば、値上げ嫌いは治るはずです。そして企業の価格据え置き慣行も改められるはずです。

ただし、その時点では、たしかにそういう方向に進むこともなくはないだろうが、限りなく机上の空論に近いとも思っていました。そのため、このアイデアは大学の同僚などごく一部の人と議論する程度にとどめており、広く世間に発表することは控えていました。しかし2022年5月の連休に、このシナリオは机上の空論ではないかもしれないと思わせる出来事に出会うことになります。先ほど紹介した5ヵ国のアンケート調査がそれです。

私のシナリオに沿うかのように、インフレ予想は高まり、値上げ嫌いも大きく改善しはじめました。日本の消費者は米欧の諸国と遜色ないところまで変わったのです。となると、次は企業の番です。企業が自信をもって価格への転嫁を進め、価格据え置き慣行が終わるか否かが最初のハードルです。

これについては、たしかに価格据え置き慣行に変化の兆しがあり、ここまでは私のシナリオどおりです。もうひとつのハードルは、企業が賃上げに前向きに取り組むようになるかどうかです。これについては、足元の動きが鈍いだけでなく、先行きの自分の賃金に関する人々の予想も非常に悲観的で、なお米欧と大きな隔たりがあります。ここが唯一、私のシナリオとズレているところです。

凍りついた賃金という最後のハードルを越えるのは到底不可能と諦めてしまうのか。それとも、その最後のハードルを何とかして乗り越えることで日本のノルムを変え、慢性デフレからの脱却を果たすのか。今後日本の社会がどちらに進むことになるのかは、まだ読み切れません。ですが、何十年に一度という大事な選択が、私たちに突きつけられていることだけは間違いありません。

コラム：「安いニッポン」現象

毎日がバーゲンの国、日本

外食チェーン店「大戸屋　ごはん処」で人気メニューの「チキンかあさん煮定食」は、東京では890円（税込み）です。「大戸屋」は海外展開もしているのですが、ニューヨークのお店で同じ定食を頼むと24ドルです。完全に同じ料理かどうかは試したことがないのでわかりませんが、ウェブの画像を見る限りほぼ同じです。同じ企業が同じ料理を出しているのに、これだけ値段が違っています。

日本のほうが安いという現象は、大戸屋だけのことではありません。ディズニーランドの入場料は東京が7900〜9400円であるのに対して、フロリダは約1万9000円、パリは約1万5000円です（金額は執筆時点）。2021年3月に出版されベストセラーになった、日本経済新聞社記者の中藤玲さんの著書『安いニッポン――「価格」が示す停滞』（日経プレミアシリーズ）では、こんな現象が消費のあらゆる場面で起きていることを教えてくれます。

「安いニッポン」現象は、本章で説明した、日本の価格と賃金が凍りついたように動かない、そしてそのことを日本に住む全員が当たり前と受け止める、日本の物価・賃金ノルムと密接に関係しています。

図4－5で見たように、日本ではモノ価格もサービス価格も、そして賃金も、1990年代末になると、それまでの右肩上がりのトレンドが嘘のようにピタッと止まり、何の変動もない水平線が出現します。一方、米国（と、この図に示していないその他の先進各国も）ではそれまでの右肩上がりのトレンドが続いていました。水平線と右肩上がりをずっと続けていけば、2つの線はどんどん離れていきます。そして十分時間が経つとその開きは大変なことになります。これが「安いニッポン」現象なのです。

私たちは、価格と賃金が凍りついている社会に住み、それが私たちの当たり前になっています。だから日々の生活をする中で、そのことを意識することすらありません。しかし社会が違えば「当たり前」も違います。米国の「当たり前」は右肩上がりです。これも言われてみればそうかなと思う程度で、日々の生活でそのことを意識することはまずありません。

しかし、「チキンかあさん煮定食」の値段の比較という、私たちの日常と非常に近い、しかしちょっとだけそこから離れた視点に立つと、日本の「当たり前」が海外のそれと大きく違うことが鮮やかに見えてくる。そのことを教えてくれたのが中藤さんの本の最大の貢献だと思います。

日本のモノ価格はなぜ安いのか

あらためて、日本はなぜ安いのかを考えてみましょう。先ほど水平線と右肩上がりだからだと説明しました。これはもちろん嘘ではないのですが、もう少し注意深く考える必要があります。

どういうことかと言うと、米国で価格が上昇し日本は価格不変であれば、円高が起こったはずだからです。日米の価格変化の差を円高が消してくれれば、日米の価格差は起こらなかったはずです。なぜそうならなかったのかを詰めておかなければ、きちんとした答えにはなりません。

そのことを考えるには、少しだけ準備が必要です。経済学では、為替レートは日米のモノ価格の差に対して反応すると考えられています。「モノ価格」と限定しているところがミソで、モノ以外の商品の価格、つまり「サービス価格」は為替レートの変動と無関係と考えられています。本章で述べたとおり、サービスは原則として貿易ができないため、サービス価格が内外で異なっていても為替レートには影響を及ぼさな

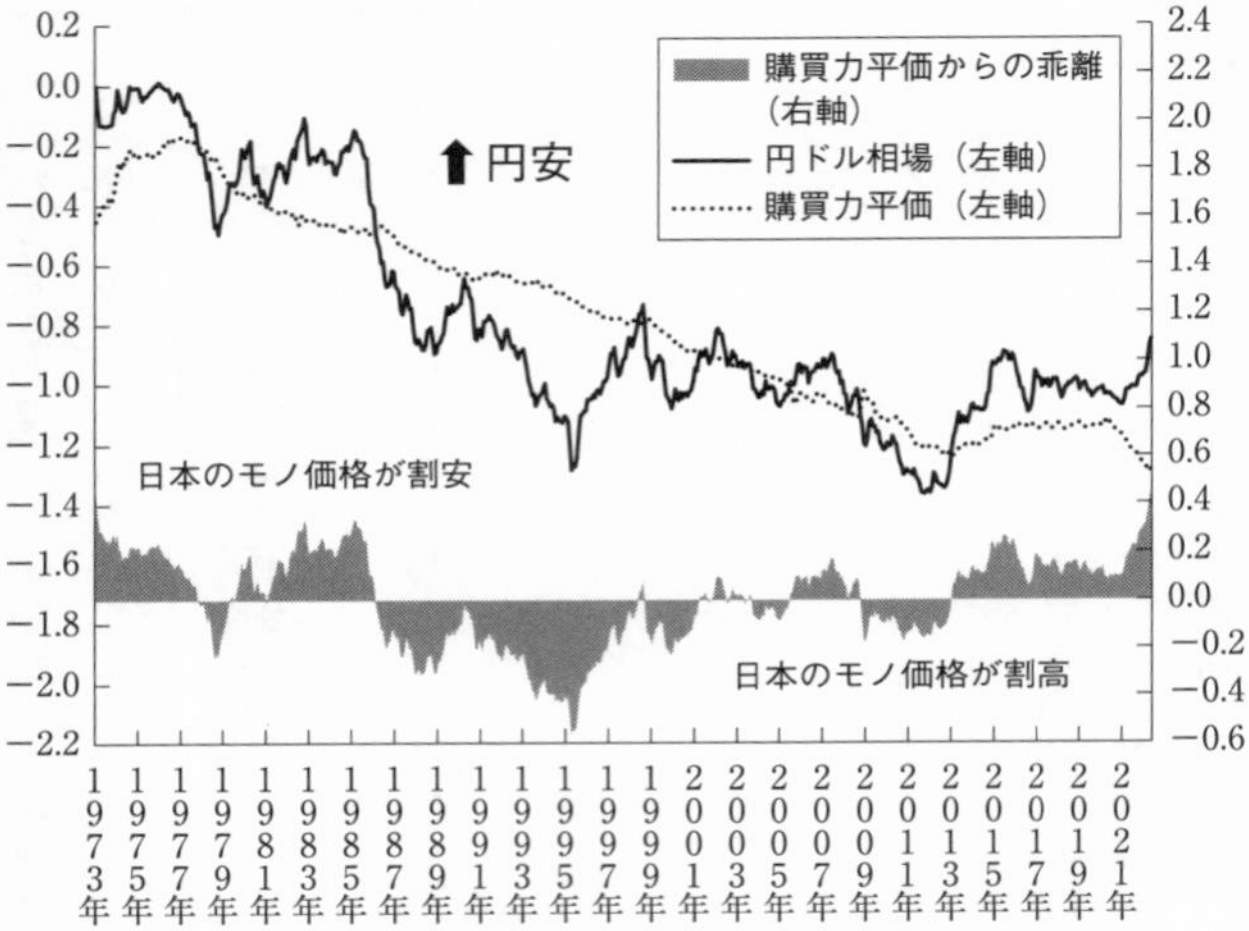

図A　円ドルの購買力平価

いからです。賃金についても同じことが言えます。内外で格差があったとしても、それが為替レートに影響を及ぼすことはありません。

日本のモノ価格を米国のモノ価格で割ったものは「購買力平価」と呼ばれています。これは両国のモノ価格から決まる、為替レートのあるべき水準です。「あるべき水準」と書いたのは、実際の為替レートはそこから乖離することがあるからです。しかし、これまでの研究では、ある程度長い目で見ると、為替レートは購買力平価に収斂する傾向があることが知られています。

図Aは実際に購買力平価を計算した結果を示しています。たしかに大きな方向性は合っていますが、2本のラインが毎月密接にからみついて動くというようにはなっていません。所々乖離している中でとくに注目したいのは、2012年以降です。実際の為替レートは同年半ばごろから反転して、円安に向かっています。購買力平価のほうも、それより少し遅れて円安方向に向かっていますが、実際の為替レートと比べると、円安の度合いはだいぶ小さく、差が大きくなっています。つまり、実際の為替レートが購買力平価に比べて安すぎた（＝日本のモノが割安になった）ということです。

なぜこのようなことが起きたのでしょうか。2013年にはデフレ脱却を目指して、日銀による異次元緩和が始まりました。日銀・政府の筋書きは、金融緩和により円安を起こし、それを起点として日本のモノ価格を上昇させるというものでした。その目論見どおり円はたしかに安くなりました（1ドル78円から123円に下落）。しかし、モノ価格のほうは、わずかに上がりはしたものの、期待されていた上昇幅には遠く及びませんでした。長らく凍りついていたモノ価格の「解凍」とはならず、その結果、日本のモノが割安になったのです。

日本の賃金が安いのはなぜか

「安いニッポン」はSNSでも話題になっていますが、モノやサービスが安いという

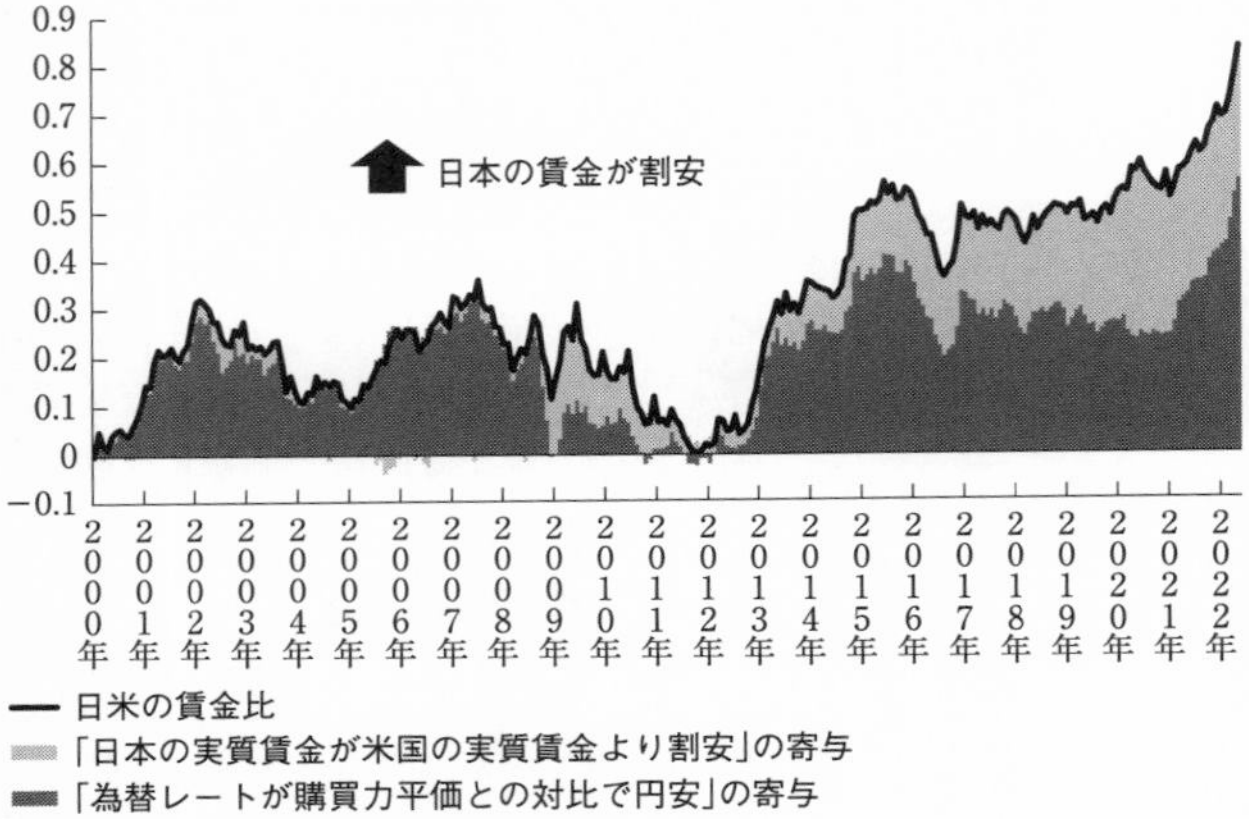

図B　日米賃金の比較

こともさることながら、みなさんがもっとも関心を寄せるのは賃金の安さです。賃金の安さが実際どのくらいで、どういう仕組みで起きているのかを見ていくことにしましょう。

図Bの実線は日米の賃金比を示しています。賃金の絶対金額の比較は統計的な理由で難しいので、ここでは、2000年1月の時点を基準にした比較をしています（2000年1月の時点で何らかの格差があったとしても、それはなかったことにして、その後に発生した格差のみを見ているということです）。

2000年以降、日本の賃金の割安化が進行していますが、とりわけ顕著なのは2012年以降だということがわかります。この時期の割安化がどういう理由で生じているかを知るために、ふたつの要因に分解します。ひとつは、先ほど説明した、為替レートが購買力平価との対比で円安になったことの寄与です。つまり、為替レートが本来の水準（購買力平価）から一時的に乖離し円安になったことが賃金格差にどれだけ寄与したかです。

もうひとつの要因は、日米の実質賃金（それぞれの国の賃金をその国のモノ価格で割ったもの）の変動の差に起因するものです。仮に為替レートが購買力平価に完全に一致していれば、モノの価値は円で測ってもドルで測っても同じです。したがって第一の要因による賃金格差は起きません。しかし、その場合でも、日本の賃金がモノ価格との対比で変化したり、米国の賃金がモノ価格との対比で変化したりすることにより、日米の格差が生じます。第二の要因はこれを指します。

分解の結果を見ると、第一に、この間に進んだ日本の賃金の割安化のおよそ半分は、米国の実質賃金（米国の賃金を米国のモノ価格で割ったもの）が趨勢的に上昇を続ける中で日本の実質賃金（日本の賃金を日本のモノ価格で割ったもの）が横這いだったことに起因しています（図の薄い部分）。第二に、為替レートが購買力平価との対比で円安になったことも同じくらいの寄与がありました（図の濃い部分）。

とくに注目したいのは、２０２１年以降です。この時期は、もっぱら第一の要因（為替レートが購買力平価との対比で円安化）で、賃金の割安化が一段と加速しています。

これは、第3章で見た米欧の高インフレ、とくにモノ価格の急速な上昇と密接に関係しています。すなわち、購買力平価の考え方によれば、高インフレ国である米国の通貨は弱くなるはずです。実際、購買力平価を計算すると「円高」化しています。しかし、それにもかかわらず、実際の為替レートは「円安」に向かうというブレが生じました。両者が真逆の動きをしたため賃金格差が足元大きく拡大したのです。

「安いニッポン」で何が困るのか

ところで、新聞・テレビの報道やSNSのやりとりを見ていると、「安いニッポン」現象を、困ったことと受け止める傾向が強いように思います。本当にそうなのでしょうか。

困ったことの事例としてよく挙げられるのは、北海道のニセコ地区のホテルやマンションがオーストラリア等の企業や投資家に爆買いされているという話です。京都の中心部にある不動産が海外の投資家に買われているという話もよく耳にします。日本の安い労働力を目当てにした中国企業の日本進出が増えているというのも、困ったこととして報道されています。

自然豊かなニセコの土地や京都の伝統ある地域に立つ建物が海外の人に買われるの

が、日本人として寂しいという気持ちは、もちろん私にもあります。日本の労働者が(優秀だという理由ではなく)たんに安いという理由で中国企業に雇われるのも日本人として残念に思います。これらの事例を報じるメディアのフォーカスはそこにあるように私には感じられます。

しかし、この話はそこで終わりにしてはいけないと私は思っています。「安いニッポン」が買われるという現象は、日本経済に良い効果も及ぼしているのです。

ニセコの土地や京都の建物、日本の労働者が外国の人たちに買われるのは安いからです。それと同等のものを海外で買う場合に比べて安いのです。同等品と比べて安ければそちらが買われるというのは、経済の基本的な原理のひとつです。そして買われたものは高くなるというのも同じく基本的な原理です。実際、ニセコや京都の不動産はすでに高くなっていますし、ニセコのホテルの建設現場や完成したホテルで働く人たちの賃金も目に見えて上昇しているそうです。

本章で述べたように、価格と賃金がともに凍りついたように動かない、そういう慣習を長く続けると、社会の活力が損なわれるので、脱却の道を探るべきです。そのための方途はいくつかあり得るでしょうが、「安いニッポン」が買われ、それによって価格と賃金が上がることも、そこに向けた一歩ととらえるべきだと私は考えています。

第5章　世界はインフレとどう闘うのか

1・米欧の中央銀行が直面する矛盾と限界

ブラックボックスの中の「供給インフレ」

２０２２年現在、米国や欧州をはじめとする世界各国は、目下のインフレを収拾しあぐねています。何がその対策を難しくさせているのか、本書でここまで見てきたことをおさらいしながら、簡単に整理してみましょう。

この50年来で各国の中央銀行が発達、洗練させてきたインフレ対策が、今回は功を奏していないことが大きなポイントです。

米欧の中央銀行がいま行っているインフレ対策は利上げです。これは需要サイドを原因とするインフレ、需要が過剰になってしまったために起こるインフレに効くものです。需要要因によるインフレ対策の肝は、人々のインフレ予想を落ち着かせることです。

しかし、いま世界が直面しているのは、パンデミック終盤に起こっている、供給不足によるインフレです。中央銀行も国際機関も研究者も、誰も想定していなかった新しいタイプのインフレが、人々の生活を脅かしているのです。

第3章でも紹介しましたが、先進各国の中央銀行のフォーラムであるBIS（国際決済銀行）のアグスティン・カーステンス総支配人は、「中央銀行のエコノミストは、需要サイドについては知見の蓄積が豊富だ。しかし、供給サイドについては知見の蓄積がなく、いまだにブラックボックスのままである」と述べています。今回のインフレは、中央銀行の知識や経験が及ばないものであることを、この発言は示唆しています。つまり、彼らは、いわば手探りのままにインフレと闘っているのです。

「後遺症」の治療は不可能であり、してはならない

供給不足をもたらしたのが、パンデミックの「3つの後遺症」であることを第3章で述べました。

ステイホームをきっかけとして、人々は消費の対象をサービスからモノへとシフトさせました。経済再開が進んでからも、サービス消費は以前の水準ほどには回復しておらず、それまで長く続いてきたサービス経済化という流れからの急逆転が生じています。その急激な需要シフトに対応して、労働と資本が産業間で移動することは容易ではなく、モノの供給が不足することとなりました。

他方で、少なからぬ労働者が、パンデミックを機に仕事の現場から離れたまま、その後

も復帰してきていません。彼らはいずれ労働市場に戻ってくると思われていましたが、その予想は外れました。労働者の不足は、供給サイドにきわめて深刻な影響を及ぼしています。

さらにパンデミックと戦争は、企業の脱グローバル化に拍車をかけることとなりました。そのため、各国が経済再開に舵を切っても世界貿易はただちには回復軌道に乗っていません。世界的な供給網によってコストパフォーマンスを追求するグローバル化は、世界的な低インフレをもたらす一因でしたが、その流れが逆転しはじめたのです。安全、安定と引き換えに、企業はコストアップを甘受し、生産活動は減速することとなりました。

これら消費者・労働者・企業の三者の行動変容による「後遺症」は、供給サイドに大きなダメージをもたらしています。これが今回のインフレの原因の核心にあることを、本書ではここまで見てきました。

需要サイドに働きかける知見と手段を研ぎ澄ませてきた中央銀行ですが、残念ながら供給サイドに働きかける術はありません。人々の消費トレンドを変えたり、労働者を現場に連れ戻したり、グローバル化を再加速させることは、中央銀行にはなし得ないからです。

人々の行動変容は、誰かに命じられたわけではなく、自分で選択したものです。「後遺症」と呼んできましたが、それはあくまで経済を主眼にした際のレトリックにすぎません。人々が自身の意志で、よりよく生きようとするためにとる行動そのものを、「治療」

したり否定したりすることはできませんし、するべきでもありません。

辻褄あわせの金融引き締め

「後遺症」を無理に治すことはできない、つまり供給サイドの変化は押し止めることができないとすれば、いったいどうすればよいのでしょうか。インフレを抑えるには、需要・供給のバランスを回復させる必要があるのですから、需要のほうをなんとかする他ありません。そこで、いま世界の中央銀行が行っているのが金融引き締めです。

金融引き締めとは、すなわち金利引き上げと貨幣量の絞り込みによって需要を冷やすことです。減ってしまった供給は減ったままにしておき、需要のほうを冷やして減った供給に合わせるかたちで辻褄をあわせる――これが現在、米欧で行われていることです。この先に待っているのは、縮小均衡そのものです。そして、その過程ではGDPが減少することは避けようがありません。いずれ景気後退がやってきて、失業率が上がります。そうして、人々の賃金の上がる勢いが鈍くなって、ようやく物価は落ち着くことになります。

中央銀行がうまく需要を冷やしていき、「インフレ率は落ち着くが景気後退の引き金は引かない」ところで金利上昇を止めることができれば、景気後退は回避できる――このような意見が、民間のエコノミストや金融市場関係者のあいだでは少なくありません。しかしその一方で、Ｆｅｄのパウエル議長からは「経済の軟着陸は非常に難しい」といった発言も出ています。この点について、いまだ意見は集約されていないようです。

しかし、景気後退が不可避か否かという以前に、そもそもどこまで金利を引き上げればインフレが収まるのか、ということが大きな問題です。

望ましい金利を教えてくれる「テイラールール」

そもそも中央銀行は、適正な金利をどのように決めているのでしょうか。実はとても強力なツールがあります。それが、１９９３年に経済学者のジョン・テイラー教授が提唱した「テイラールール」です。

これは、足元のインフレ率とＧＤＰから、望ましいインフレ率（インフレターゲティングの目標値）を実現するために必要な金利水準を割り出すことができる公式で、日銀を含む主要各国の中央銀行はこれを意識して政策運営を行っています。

テイラールールの公式を使えば、過去にさかのぼって、そのときに望ましかった金利水準を算出することができ、それと実際の金利を比較することにより、中央銀行の政策が適切だったかどうかを検証できます。図５－１は、米国Ｆｅｄが制御する金利であるフェデラルファンドレート（ＦＦ金利）の実績値と、テイラールールの公式を使って算出された金

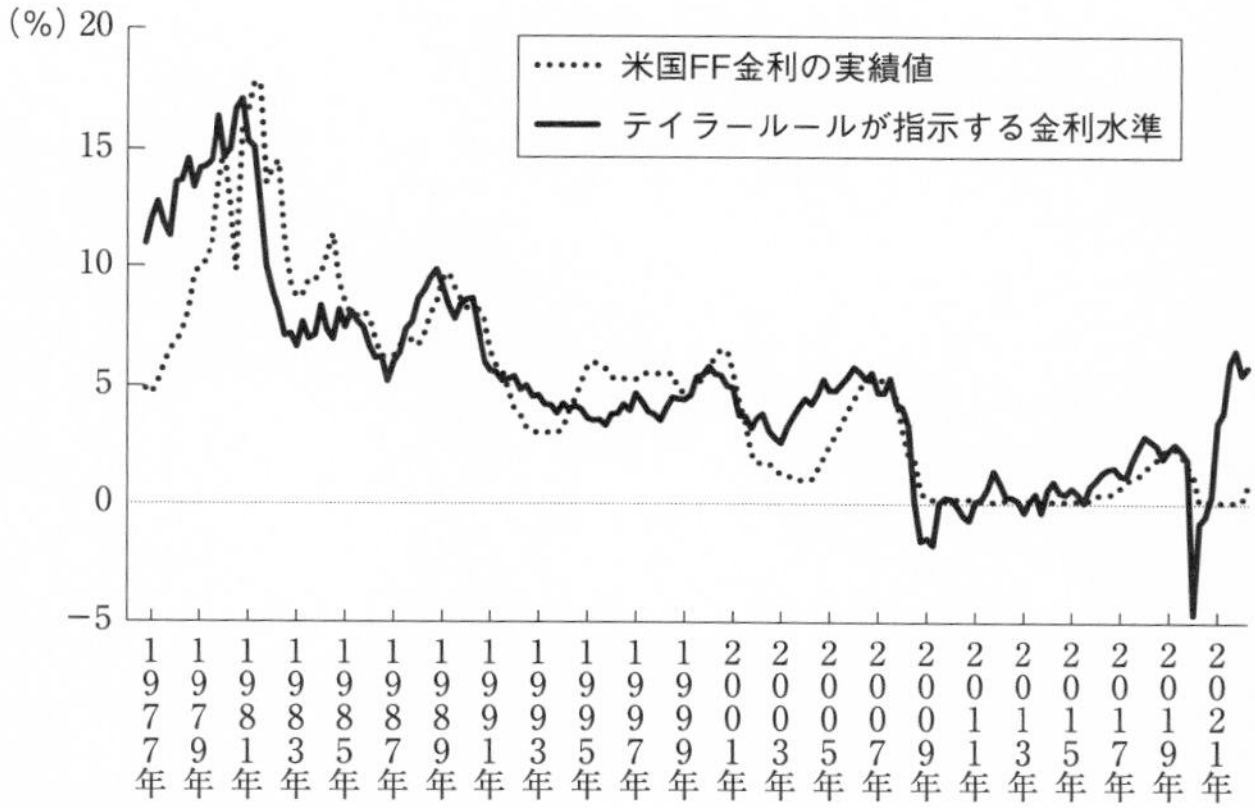

計測の前提は以下のとおり
◦インフレ率の指標はコアPCEを使用。足元の値は4.98%
◦インフレ目標値は2%
◦中立金利はLaubach-Williamsの手法で算出。足元の値は0.36%
◦GDPギャップはCBOの推計値を使用。足元の値は−2.0%
◦インフレ率の係数は1.5、GDPギャップの係数は0.5

図5-1　テイラールールが指示する金利水準

利水準の推移を描いています。これを見ると、過去のＦｅｄによる金利操作は、おおむねテイラールールが指示する水準に沿っていたことがわかります。

テイラールールの限界

しかし２０２０年以降を見ると、ＦＦ金利の実績値とテイラールールが指示する金利水準が大きくかけ離れていることに気づきます。

２０２０年の春、米国ではパンデミックによる景気悪化にともないインフレ率が下がりました。このときテイラールールが指示した金利水準は、なんとマイナス5％でした。マイナス金利を採用している中央銀行は日銀を含め世界にいくつかありますが、さすがにそこまで大幅にマイナスを掘り進んだ例はありません。テイラールールの公式には「マイナス金利は難しい」という要素は入っていないので、プラスであれマイナスであれ、必要な金利水準はこれだと手加減なしに指示してくるのです。しかしこのときＦｅｄは、マイナス金利は副作用が大きいと考えており、また、そもそもパンデミックにともなう景気悪化は一過性と考えていたこともあって、実際に行われた利下げの水準は、ゼロにとどまりました。

その後、インフレ率が上昇するにつれて、テイラールールは金利の大幅引き上げをＦｅｄに要求するようになります。しかしＦｅｄはすぐには利上げに向かいませんでした。最初の利上げは２０２２年３月で、それ以降、５回の利上げを行い、２０２２年9月末現在では、ＦＦ金利を３・00～３・25％に誘導するというのがＦｅｄの目標となっています。

さらに、米国の政策金利を決める委員会であるＦＯＭＣのメンバーたちは、２０２２年末までにＦＦ金利は４・４％に達するという見通しを示しています。そのとおりになるとすると、２０２２年の１年間で４％ポイント超の利上げとなります。これは近年に例のない速度ですが、それでもなお、テイラールールが指示する金利水準（約６％）を大きく下まわっています。

テイラールールの公式は過去のインフレの経験をもとに作られたものです。今回のインフレは過去のインフレとは異なるので、同じ公式を当てはめてよいのかという疑問は当然あり得ます。とくに、過去のインフレは需要過多が原因のインフレであり、今回は供給不足が原因なので、一緒くたに扱うのは不適切ということです。

しかし、インフレの原因が何であるにせよ、それを利上げと、それによる需要冷却で退治しようとしているという点で、Ｆｅｄの政策対応は過去の対応と何ら変わりません。そうであれば、やはりテイラールールは今回も頼りになるはずです。現在の利上げは高インフレを収束させるのに十分ではない、これでは物価上昇はなかなか収まらない――テイラールールからのこのメッセージを無視すべきではありません。

ただ、金利をさらに引き上げた場合に何が起こるのかについても考えておくことが大事です。テイラールールの指示に従ってＦＦ金利を６％まで引き上げるとすれば、インフレ率は低下し、Ｆｅｄがインフレターゲティングの下で目標値として掲げる２％の水準に近づくことでしょう。しかしそのとき株式市場には間違いなく激震が走ります。さらに、金融市場とは直接関係のない人々の生活にも、高金利にともなうさまざまな副作用が及ぶことは避けられません。企業は事業資金の調達に困り、人々は住宅ローン返済の負担に苦しみます。需要を冷やすというのは、結局のところ、こうしたつらい社会に人々を追いやることにほかなりません。

米国の中央銀行制度は、物価と雇用の安定の両方を使命として設計されています。ただ物価を安定させただけではＦｅｄは使命を果たしたことにはなりません。彼らにとってはそこが苦しいところです。また、有権者のことを考える政治家たちにとっては、インフレも問題でしょうが、それと同等、またはそれ以上に雇用の安定は大事なことです。Ｆｅｄにとって難しい舵取りがしばらく続くと見ておくべきでしょう。

２・「賃金・物価スパイラル」への懸念と「賃金凍結」

インフレの「第２ラウンド」

利上げで需要が冷え込むというのはＦｅｄに限らず英国や欧州の中央銀行にとっても頭の痛い問題です。しかし彼らが今後の展開としてもっとも懸念しているのは、物価上昇が賃金上昇を呼び、それがさらなる物価上昇を起こすという事態におちいってしまうことです。そうした状態は「賃金・物価スパイラル」と呼ばれ、インフレがより対処の困難な、新たなステージに入ることを意味します。

賃金・物価スパイラルは、インフレの「第2ラウンド」とも呼ばれています。最初の経済ショック（今回であればパンデミックや戦争）などによって起こるインフレが第1ラウンドです。この段階で中央銀行がうまくインフレを収束させることができれば、延長戦はありません。しかし、第1ラウンドのインフレが、賃金の上昇に火をつけ、それにともなう人件費増を企業が価格に転嫁する、つまり、最初のインフレが賃上げを経由してさらなるインフレを生むとなったとき、第2ラウンドに突入ということになります。

こうしたことは過去のインフレでも見られたので、中央銀行は警戒しているわけです。それにしても、なぜこのようなスパイラルができてしまうのでしょうか。その理由はきわめて単純で、賃金と物価が、いわばニワトリと卵のような関係にあるからです。ニワトリが卵を産み、卵からニワトリが生まれてまた卵を産む。ニワトリがいなければ卵は存在しようがありません。卵がなければニワトリは生まれてきません。いったいどちらが原因でどちらが結果なのかと、子供のころに悩んだ人は少なくないと思います。物価と賃金の相互依存関係はこれと酷似しているのです（図5－2）。

今回は、まずパンデミックと戦争をきっかけにインフレが起こりました。インフレは生計費（人々が生活をするうえで必要になる費用）を上昇させるので、人々は支出を削ります。しかしそれだけでは十分ではありません。そこで物価が上がった分、収入を増やしたいと考

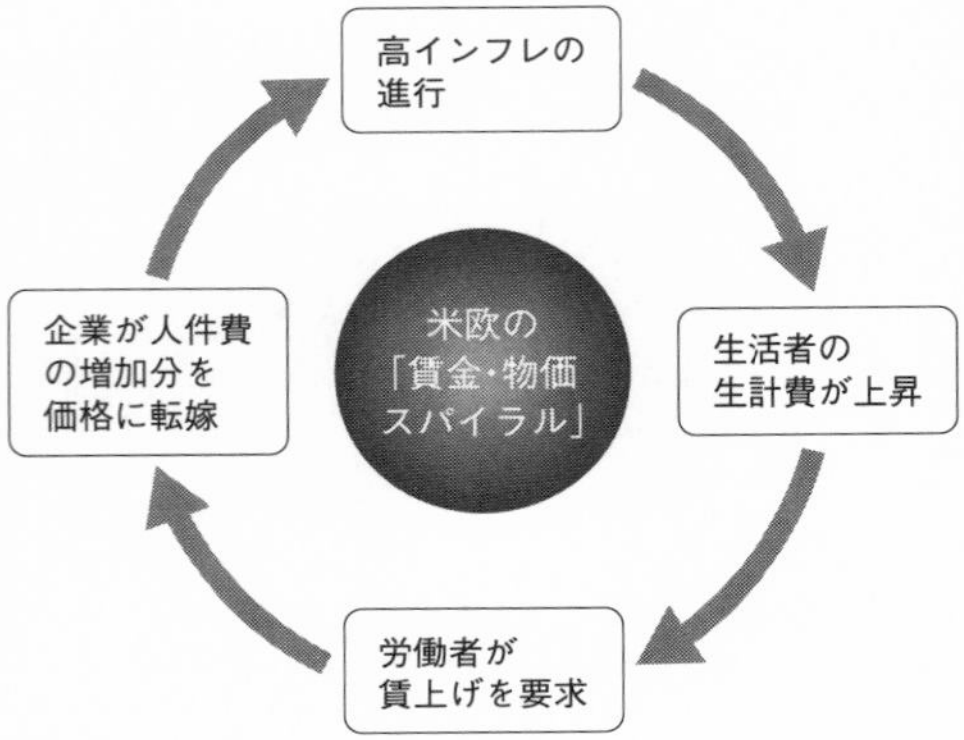

図5-2　賃金・物価スパイラル

えます。労働時間を増やすことがもっとも手っ取り早いですが、それも限界となると、労働者は雇用主に賃上げを要求することになります。

当然のことながら、雇用主が賃上げ要求に即座に応じてくれるということは、まずあり得ません。労働者は賃金を上げてもらえないなら他の職場に移ると脅すこともあるでしょう。ストライキに打って出ることもあるでしょう。そうした交渉を経て、良質な労働力を失いたくないという思いから、雇用主は要求を受け入れます。

これで労働者は当面の生活が維持できるようになりました。次は、雇用主（経営者）がどのようにして経営を維持するかを考える番です。賃上げは人件費増につながるので、そのままでは企業の収益が悪化してしまいます。

経営者としては、株主の手前もあり、収益の悪化を放置できません。人件費以外のコストを削るというのはひとつの方法ですが、それにも限度があります。最終的には自分の作る製品の価格を人件費の増加分だけ引き上げる、つまり価格に転嫁する必要があります。もちろんこれも容易ではありませんが、経営者にとって追い風なのは、そもそも世の中がインフレなので、値上げも日常茶飯で、自分が値上げをしても悪目立ちしないことです。そのため値上げをして売り上げが大きく落ち込むという心配もそれほどありません。

かくして、物価がもう一段上がり、それを受けて消費者（労働者）の生活がふたたび困窮し、賃上げ要求がふたたびなされます。それがさらに……というように、スパイラルがいつ終わるともなく続きます。

インフレ予想が「自己実現」する

ここまでの説明を読んで、みなさんはどのように感じたでしょうか。賃上げ要求とかストライキとか、日本の現状とあまりにかけ離れているので、現実味がないと感じた方が多いのではないかと思います。しかし実は、この話は日本の現状と深いところでつながっています。そのことは本章の後半で説明します。

現実味に乏しい（私たち日本人にとってはとくに）という点をいったん脇に置くとしても、物価と賃金がグルグルとまわり続けるというのは、どこか理屈が破綻しているように感じる方もいるのではないかと思います。その直感はまさに正しく、グルグルまわるというのは、理屈のうえでもそれほど簡単に起こることではないのです。

労働者の賃上げ要求の場面に話を戻しましょう。労働者はインフレで物価が上がった分収入を増やそうとして（給与が目減りした分を取り戻そうとして）賃上げを要求する、このように先ほどは説明しました。しかし、労働者は、すでに生じたインフレによる目減り分を取り戻すのは当然として、物価が将来上昇することにともなう目減り分もこの際、要求しておこうと考えるはずです。インフレ率が趨勢的に高い状況では、過去分をいったん取り戻したとしても、すぐに次の生活苦が襲ってくるのは必定だからです。そういう状況の下では、労働者はインフレが先々どうなるかを予想し、それを賃上げ要求に反映させようとします。つまり、今日の賃上げ要求は明日のインフレ率がどうなるかの予想（インフレ予想）に依存するのです。

たとえば、労働者たちが先々のインフレを10％と予想したとします。労働者はその分だけ賃上げ要求を高めます。すると人件費の上昇もその分かさ上げになり、価格転嫁も同様にその分高まります。かくして労働者たちの最初の予想どおり10％のインフレが実現することになります。つまり、労働者たちのインフレ予想は、賃上げ要求という自らの行動とそれを価格に転嫁するという企業の行動を通じて、実際のインフレ率に影響を及ぼすのです。労働者が「予想」したインフレ率が起点になり、それが「実際」のインフレ率を決める。その意味で、労働者の予想は「自己実現」しています。

労働者のインフレ予想が安定していれば、労働者の賃上げ要求も安定します。たとえば、インフレ予想が10％でずっと安定しているのであれば、賃上げ要求もそれに合わせた水準で安定します。しかし、そうではなくて、労働者のインフレ予想が糸の切れた凧のように日に日に上がっていくということも考えられます。インフレ予想がそのように不安定な場合には、今日の賃上げ要求は昨日より高く、明日はさらに高いものとなります。あたかも、螺旋階段をグルグルと上るかのように、賃金と物価が上昇していくのです。

第3章で述べたとおり、ノミナルアンカーが不在のときにインフレ予想は不安定化します。米国を含む先進国の中央銀行はインフレターゲティングを採用しているので、中央銀行が掲げるインフレ率の目標値（多くの場合2％に設定されている）が、ノミナルアンカーの機能を果たすはずです。

しかし、インフレが高進しているにもかかわらず中央銀行がそれに対して有効な手立て（たとえば大胆な利上げなど）を打ち出せない状況が長く続くと、中央銀行は2％を達成する能力も、その意欲も持っていないのではないかと人々は勘繰りはじめます。そうなるとノミナルアンカーが事実上不在となり、インフレ予想が不安定になってしまうのです。米欧がすでにそうなっているとは私は思いません。しかし少なくとも、近い将来にそこまで悪化する可能性が高まっていることは否定できません。

賃金・物価スパイラルを引き起こす「3つの条件」

賃金・物価スパイラルが起こるための基本的な要件は、インフレ予想の不安定化です。しかし、それ以外にもいくつかの条件が必要で、それらが揃ったときスパイラルが起こることが知られています。

第1の条件は、労働需要が旺盛であること、そして、それにもかかわらず労働供給が増えずに労働需給が逼迫《ひっぱく》し、労働者の交渉力が強くなっていることです。

第2は、企業に関するものです。企業の価格決定力が強く、人件費の増加分を価格に転嫁する能力をもつことが条件となります。

そして第3の条件は、企業が人件費増を価格に転嫁するか否かを考える際に、ライバル企業も価格転嫁を行うと確信できることです。

以上の3つの条件が揃ったとき、労働者は賃上げを要求し、企業は賃上げを受け入れたうえで人件費増を価格に転嫁するということを行い、スパイラルが生じます。

米欧の現状は果たしてこの3つの条件を満たしているでしょうか。労働市場については、第3章で見たように、米国や英国では、経済再開で労働需要が増える一方で、離職と退職により労働供給が減少しており、労働需給はすでに逼迫しています。労働者の交渉力が強まる素地はすでに整っていると言ってよいでしょう。

一方、企業の価格設定についても、米欧の消費者は物価上昇を仕方ないものとして甘受する姿勢を強めているので、人件費増分の価格転嫁は現状すでに始まっています。また、価格の上昇は品目と地域を問わず広がってきているので、転嫁をするのは自分だけではなくライバル企業も同じという確信を多くの企業がもっています。企業サイドも、スパイラルに入る条件は整っていると言ってよいでしょう。

実際、2022年6月には、英国のボリス・ジョンソン首相（当時）と英国の中央銀行であるBOEのアンドリュー・ベイリー総裁が、英国経済は賃金・物価スパイラルに突入する瀬戸際にあるとの見方を表明しています。これに対して、英国の労働者たち及び労働組合は、賃金の上昇がインフレに追いついていないと訴えており、ジョンソンたちの見方に真っ向から反対しています。

スパイラルを断ち切る「異端」の政策

では、もし実際に賃金・物価スパイラルが起こってしまったら、中央銀行と政府はどのように対処すればよいでしょうか。

その場合でも、金融引き締めで需要を冷やすという手法は有効です。需要を冷やし景気が悪くなれば、労働者もその分インフレ予想を下げます。また、景気が悪くなれば労働需給が緩むので、労働者も雇用維持を優先し、強気の賃上げ要求を出しにくくなります。さらに、企業も、景気悪化で消費需要が弱まる中で、消費者の価格選別が厳しくなるので、人件費の増加を価格に転嫁することが難しくなります。価格競争が激しさを増す中で、ライバル企業がどのような価格づけをするかにも注意を払わねばならず、そのことも価格転嫁を難しくします。

過去に賃金・物価スパイラルを経験したアルゼンチン、ブラジル、イスラエル等の国々では、実際にこうした金融引き締めによる需要冷却が行われました。しかし、これらの国々では、インフレ率は非常に高い水準に達していました。そのため、かなり強力な需要冷却を行ってもインフレ率がなかなか思ったように下がりません。その一方で、需要冷却にともなうGDPの落ち込みと失業率の上昇はきわめて大幅なものとなり、社会がそれを許容できない状態におちいってしまいました。つまり、需要サイドの政策が手詰まりになってしまったのです。

こうした状況の下で、これらの国々では、需要サイドではなく、供給サイドに働きかけるということが行われました。ここでの供給サイドとは、商品を生産・販売する側という意味であり、具体的には労働者と生産者（企業）を指します。労働者に対しては、政府が「賃金凍結」を命令します。一方、企業に対しては、人件費の増加分を価格に転嫁することを禁止します。高い賃金と高い価格を創り出す動きを強制的にすべて止めてしまうということです。

需要サイドの施策である金融引き締めは、金利を上げることで消費者と企業が自発的に支出を抑制するように誘導する施策です。消費者・企業の行動の制御ではありますが、あくまで間接的な制御です。それに対して供給サイドの施策である賃金凍結や価格転嫁の禁止は、政府が賃金や価格を直接制御しようとするものです。この両者の施策は、背後にある考え方が大きく異なります。

後者については、労働者や企業の権利が侵害される、市場メカニズムが阻害されるといった、否定的な見方が少なくありません。前者は正統派（orthodox）の処方箋、後者は異端派（heterodox）の処方箋と呼ばれています。インフレも第2ラウンドまで進んでしまうと、劇薬とまでは言わないにしても、かなり強めの薬が必要になるということです。

コーディネーターとしての政府

インフレの「第2ラウンド」はインフレ予想の自己実現で生じると先ほど説明しまし

た。裏を返せば、物価は上がらないと人々が予想してくれれば、それが自己実現して、インフレは止まるということです。この性質をうまく利用してスパイラルを止めることはできないでしょうか。

例を使って考えてみましょう。10％のインフレが起こっている状況では、労働者は「企業がこの先、毎年10％ずつ価格を上げる」と予想し、その予想のもとで10％の賃上げ要求をしています。一方、企業は「労働者が毎年10％の賃上げ要求をしてくる」と予想し、その予想のもとで10％の価格引き上げを行っています。

ではここで、誰かが労働者に対して「企業はこの先、価格を上げることはない」と説明し、労働者がその説明に納得したとしましょう。このときどんなことが起こるでしょうか。物価は上がらないのですから、労働者は賃上げは必要ないと考えます。そして賃上げ要求をゼロ％にします。次は企業が価格の引き上げ幅を決める番です。人件費の上昇がゼロ％なので企業は価格引き上げをゼロ％にすると労働者は信じています。

しかし、労働者の思惑どおりに企業が行動する保証はどこにもありません。それどころか、いままでどおり価格引き上げをすれば、人件費が増加しない分だけ収益をたくさん稼げるので、企業は変わらず10％の値上げを実施するでしょう。

冷静に考えると、このような顚末になることを労働者は最初から予想するはずです。そのため、「企業はこの先、価格を上げることはない」と誰かに言われたとしても、労働者がその言葉を信じることはありません。疑心暗鬼という点では企業も同じです。「労働者の賃上げ要求は今後ゼロ％」と誰かが言ったとしても、それを真に受けて価格引き上げをゼロ％にすることはありません。

このように、労働者も企業もたがいに相手が信用できないので、スパイラルを止めることができないのです。労働者と企業がうまく協調できない。賃金・物価スパイラルの本質はここにあります。「人々がインフレにならないと予想すればインフレは止まる」というのは間違いではないのですが、それを実現するための手順としては、関係者全員（すべての労働者とすべての企業経営者）に、「自分以外の誰もがゼロ％のインフレを前提に行動する」と信じてもらう必要があります。それができれば、自分もゼロ％のインフレと整合的な行動をしようとなるからです。しかしこれは容易ではありません。10％のインフレが日々進行している中で、明日からは全員がゼロ％のインフレを前提に行動すると言われても、その言葉を真に受ける人は誰もいないでしょう。

ただし、賃金と価格を統制する権限をもつ特別な主体がいれば、話は違ってきます。そのような主体がどこの国にも存在するとは限りませんが、アルゼンチンやブラジル等では賃金と価格を統制する権限が政府に付与されていました。そのため、政府は労働者に対しては賃上げゼロ%を、企業経営者に対しては値上げゼロ%を、それぞれ命じることができました。そうすることによって、労働者と企業がたがいに疑心暗鬼になっていた状況を解消できたのです。

アルゼンチンやブラジル等の事例については、価格・賃金の統制という強権発動が効いたという見方が少なくありません。ですが本質は「統制」ではなく、「インフレはゼロ%」を関係者に知らしめ、自分以外の主体もそれを前提に行動するはずと思わせたところにあると私はみています。つまり、政府が労働者と企業のあいだをとりもつコーディネーターとして機能したということです。統制のような乱暴な手段に頼ることなく、政府が関係者を言葉で説得することでその役割を果たすことができていれば、百点満点でした。しかし平時ならまだしも、高率のインフレで社会が混乱している中では、言葉による説得では不十分で、そのため「統制」という手を使わざるを得なかったのです。

話を現在の米欧に戻しましょう。英国の首相を務めていたボリス・ジョンソンは、英国経済が賃金・物価スパイラルの淵にあるとの認識の下、「賃金凍結」を口にしていました。当然のことながら、これに対して労働組合と一部のメディアからは、労働者の権利を侵害するものとして強い反発がありました。賃上げや値上げを強権的に押さえつけるのは、英国のような成熟した社会では、政治的なコストが非常に大きいでしょうし、価格と賃金の自律的な調整が阻害されるという意味で、経済的なコストも甚大です。英国政府は強権に頼ることなく、言葉で人々を説得する道を探ることになるだろうと思います。

3・日本版賃金・物価スパイラル

日本特有のリスクを避けるために

米欧のインフレについては、賃金・物価スパイラルにおちいるのか否か、仮におちいった場合にどう対処するのかが、今後、重要な論点になるでしょう。これに対して日本は、前章で見たようにインフレ率が「最下位」なので、賃金・物価スパイラルの心配はありません。しかし日本がスパイラルとまったく無関係かと言うと、実はそうでもないのです。

賃金・物価スパイラルとは、賃金と物価がニワトリと卵のように相互に連関する現象でした。この両者が相互に連関するという意味においては、日本の状況も当てはまります。前章で述べたとおり、日本の賃金と物価は凍りついたように動いていません。これは、賃金が凍りついていることが原因で物価が凍りつき、物価が凍りついていることが原因となって賃金が凍りつくという意味で、両者が相互に連関する中で起こっている現象です。

つまり、米欧で発生が懸念される賃金・物価スパイラルは、賃金と物価が手を取りあって上昇する現象ですが、日本では賃金と物価が手を取りあって動かない(凍りつく)という現象が起きているのです。本章ではこれを「日本版賃金・物価スパイラル」と呼ぶことにします。

「手を取りあって上がる」と「手を取りあって凍りつく」では、だいぶ異なるように見えるかもしれません。たしかに「上がる」と「凍りつく」に注目すればそうでしょう。しかし「手を取りあって」に注目すれば、両者は同質です。スパイラルの本質は「手を取りあう」という点にこそあります。そのことを踏まえれば、両者は同質だと言うべきなのです。

日本は賃金をほとんど上昇させない企業の集合体

日本版賃金・物価スパイラルの詳しい説明に入る前に、あらためて日本の賃金の現状、つまり、賃金が凍りついているという事実を、データで確認しておきましょう。

図5－3は、日本の労働者の名目賃金について、1950年からの推移をグラフにしたものです。名目賃金とは、企業から従業員に支払われる金額のことです。名目賃金は厚労省が出す統計に加えて、国税庁も納税に関連するデータとして公表しているので、全部で3本の線を示しています。どの線にも共通する特徴として、1990年代前半までは右肩

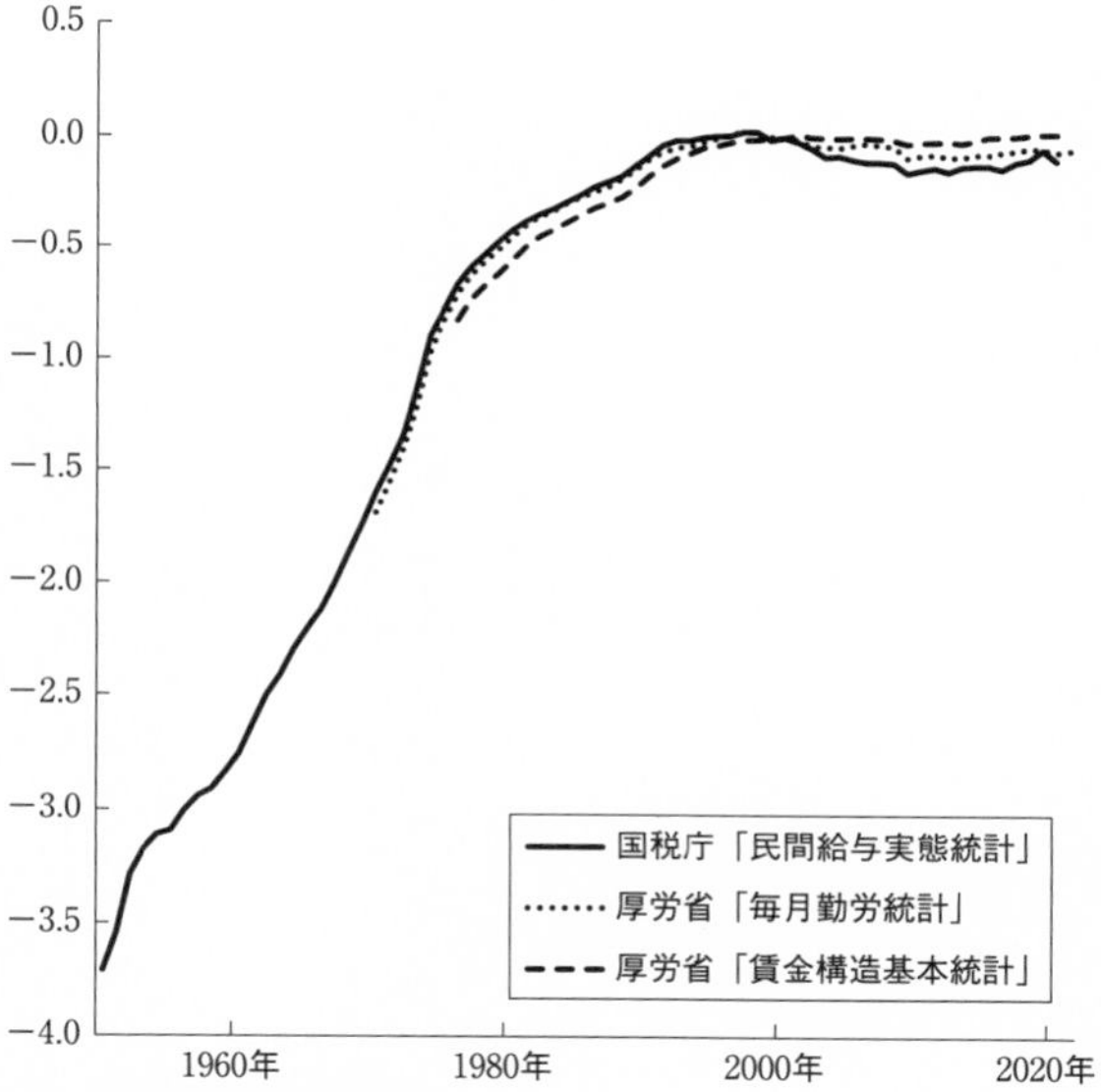

図5-3　名目賃金の指標

上がりでしたが、その後は水平線になっています。

水平線ということをもう少し厳密に言いなおすと、日本の労働者の賃金の「平均」が動いていないということです。平均的な賃金が動かない状況というのは、誰かの賃金は上がるが別の誰かの賃金は下がる、それらを平均すると動いていないということかもしれません。もうひとつの可能性としては、どの人の賃金も動かないのでその平均値も当然動かないということが考えられます。

前者は、パフォーマンスのよ

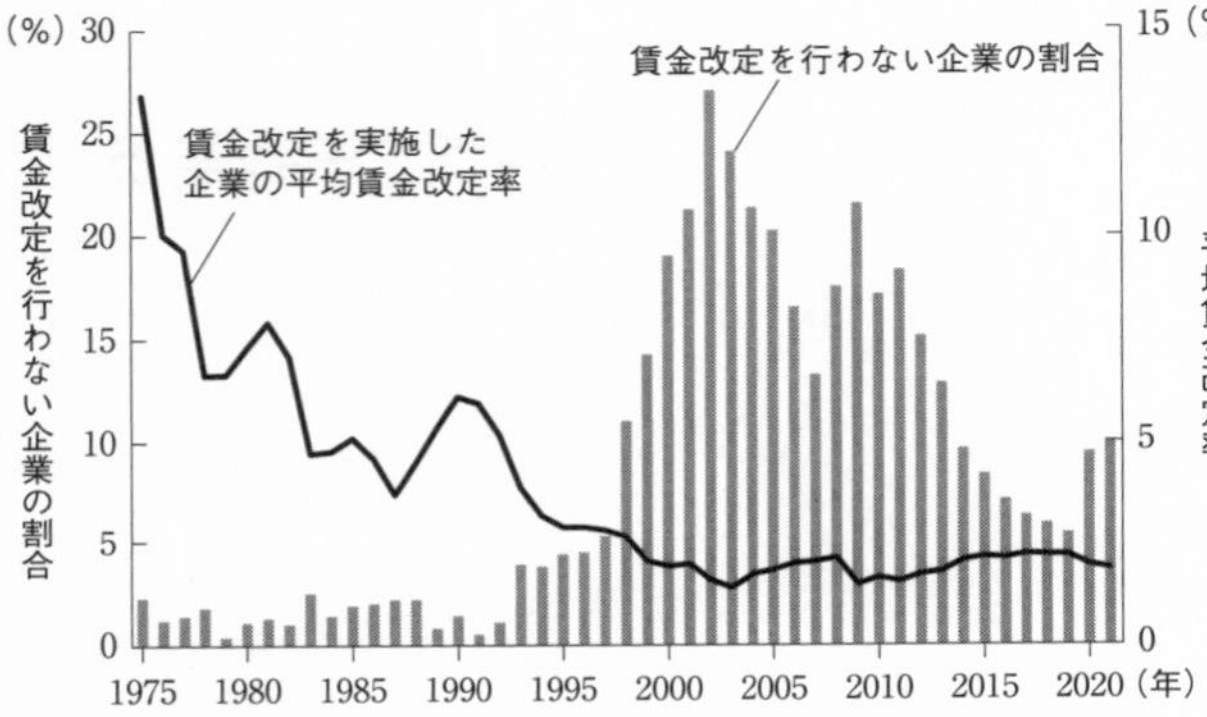

図5-4　賃金改定（ベースアップと定昇）を行わない企業の割合

い労働者や企業の給与は上がり、そうでない労働者や企業の給与は振るわないということなので、賃金のダイナミズムは確保されています。健全な姿といってもよいでしょう。これに対して後者は、労働者や企業のパフォーマンスとは無関係に誰も彼も賃金が動かないということなので、ダイナミズムは一切ありません。頑張っても頑張らなくても賃金が動かないので、労働のモチベーションも保てず、社会の活力も下がってしまいます。

日本の動かない賃金はこのどちらなのでしょうか。**図5－4**は、賃金改定（ベースアップと定昇）を各企業が行ったか否かを厚労省が調べた結果に基づくグラフで、賃金改定を行わない企業の割合がどのように変化したかを示しています（棒グラフ）。1975年から90年代前半までは、賃金改定を行わない企業の割合は2～3％で、きわめて限定的でした。つまり、このころまでは、どこの企業でも毎年賃金改定を行うのが当たり前でした。

ところが1990年代後半になると賃金改定を行わない企業の割合が増えはじめ、2000年代初頭にはその割合が全体の25％超に及びます。その後、賃金改定を行わない企業の割合は高水準を続けた後、2010年頃からは減りはじめます。とくに2013年以降は顕著に減っています。これには、安倍政権以降の官製春闘（政府が賃上げを企業経営者に働きかける）も寄与していると思われます。ただし、賃金改定を行う企業が少しずつ増えてきていると言っても、賃金改定の幅はせまく、せいぜい2％にとどまっています（図5－4の折れ線）。

つまり日本の賃金は、すべての企業の平均値が凍りついたように動かないだけでなく、各企業それぞれの賃金の動きが非常に鈍くなっている、あるいはまったく動いていないという状況にあるのです。日本の価格については、第4章で見たように、平均値が凍りついているだけでなく、個々の商品の価格も凍りついています。このことと合わせて考えると、日本の企業の一つひとつで、賃金と価格が凍りつくという現象が起こっていると言えます。

名目賃金でも日本は最下位

次に、国際的に見たとき、日本の賃金がどのような位置にあるのかを確認しておきましょう。**図５－５**は、世界の先進国で構成されるＯＥＣＤ（経済協力開発機構）加盟国の賃金の伸び率を一覧にしたものです。期間は２０００年から21年までで、その間の伸び率の平均値を示しています。右は名目賃金、左は実質賃金（名目賃金を物価で割ったもの）の伸び率です。

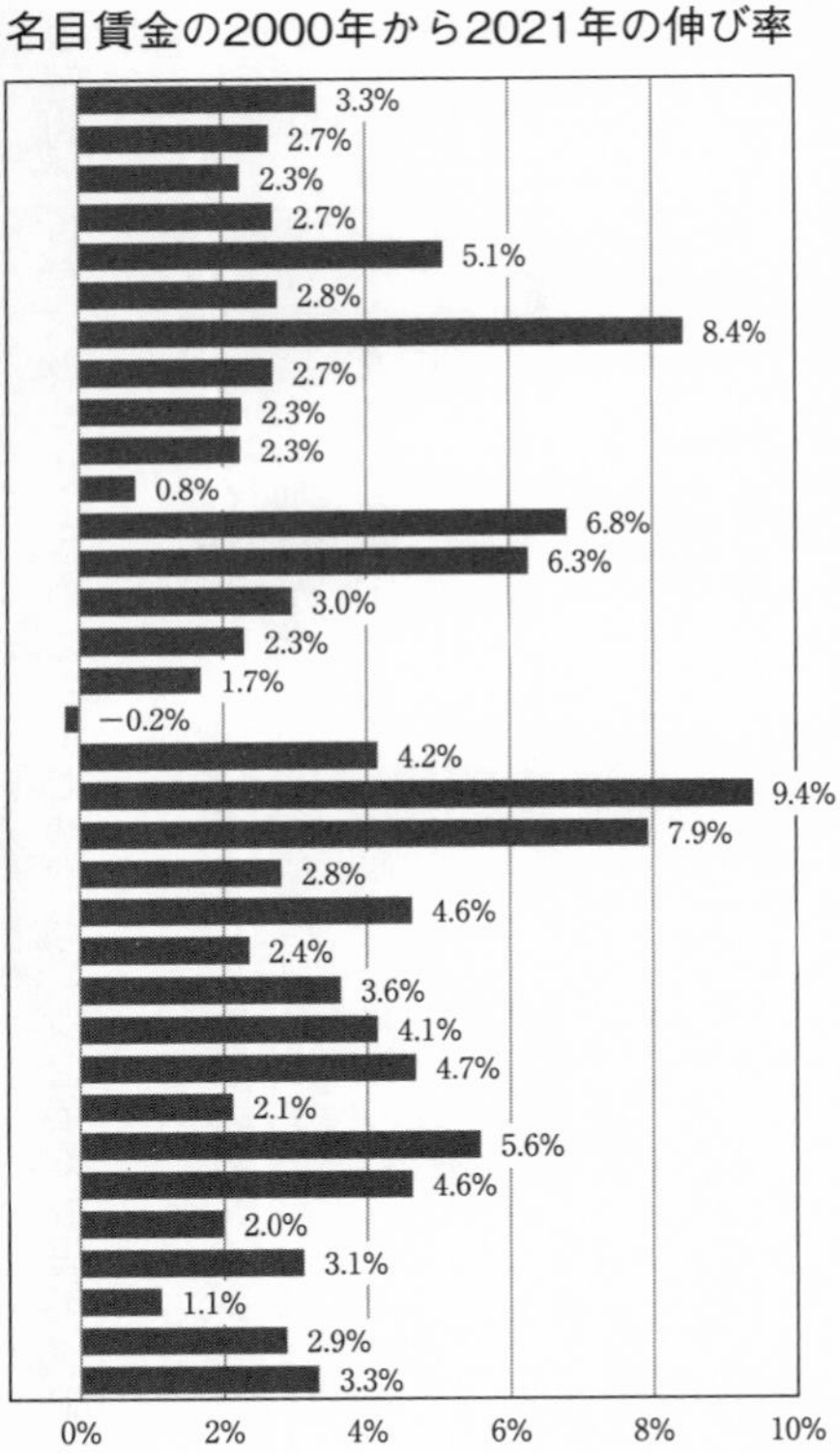

図5-5　OECD加盟国の実質賃金と名目賃金の伸び率

実質賃金の2000年から2021年の伸び率

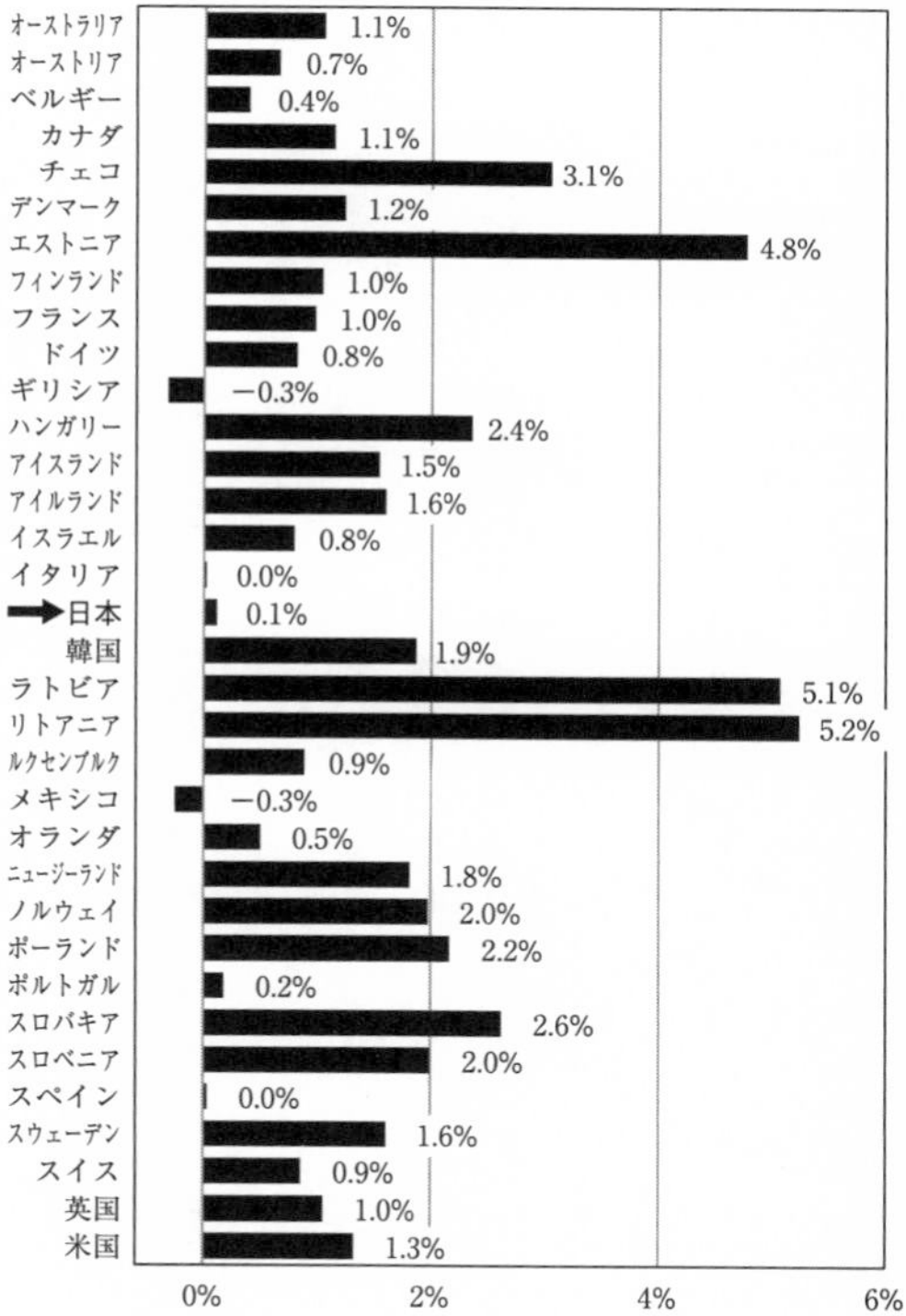

まず左側の実質賃金を見てください。たとえば、名目賃金が10％上昇したとしても物価も同じく10％上昇すれば労働者が実質的に使える額は同じなので、賃金は実質的に上がっていないことになります。実質賃金は、労働者の労働生産性（一人の労働者が一日に何個の製

品を作れるか）によって決まります。労働生産性が上がればそれに見合って実質賃金も上がり、労働者の生活が豊かになるというわけです。

日本の実質賃金の伸び率は０・１％で、ＯＥＣＤ加盟国の中でかなり低いほうに位置しています（下から数えて5番目）。労働生産性の伸び率が低く、それを反映して実質賃金も伸びていないということです。このことはもちろん大きな問題で、何とかしなければなりません。問題の根本は労働生産性の伸びの低さなのでこれを改善する必要があります。労働市場の改革についてはこれまでも多くの提言がなされてきましたが、そうした構造改革を地道に実行するのが王道です。

ただし、私がここで議論したいのは、実質賃金ではなく名目賃金についてです。本書の主題はインフレ、物価であり、その物価と関連しているのは名目賃金だからです。図の右に示した名目賃金を見ると、日本はまたも残念な順位にあることがはっきりわかります。名目賃金の伸び率はＯＥＣＤに加盟する34ヵ国中の最下位です。しかも、伸び率がマイナスの国は日本だけという厳しい状況にあります。

実質と名目の2つの図を比べると非常に大事なことが見えてきます。たとえばイタリアは実質賃金の伸び率は低調で、日本を少し下まわっています。ところが名目賃金のほうは１・７％ですので、とても高いとは言えませんが、他の国とほぼ遜色ない水準です。少なくとも日本のようにマイナスの伸び率で最下位とはなっていません。このように実質賃金は日本と同じく不調なのに名目賃金のほうはしっかり伸びているという国は、他にもベルギー・オランダ・スペインなど、いくつかあります。

名目賃金と実質賃金は連動しない

こうした物価や賃金についての説明を講演の場で行うと、「名目賃金の伸びが低いのは実質賃金の伸びが低いからであり、実質賃金の伸びの低さは労働生産性の伸びの低さに起因している。だから名目賃金の伸びを高めるには生産性の伸びを高めないといけない」という趣旨の意見を寄せられることが少なくありません。少なくないどころか、ほぼ毎回登場する定番の指摘です。生産性と実質賃金が緊密につながっていることは私も完全に同意しますが、実質賃金と名目賃金の関係は理屈のうえでも、また実際のデータからも確認できるように、単純な算数ではありません。ですから、生産性の向上策ですべてが解決するとは決して言えないのです。

別の言い方をすると、賃金の面で日本が模範とすべきは、イタリアやベルギーのような国々です。つまり、実質賃金の伸び率は低いが名目賃金の伸び率は決して低くない、そういった状態を目指すべきなのです。もちろん欲を言えば、実質賃金も名目賃金もしっかり伸びている国、たとえばスウェーデンのような国を目指したいところですが、それには生産性の上昇が不可欠で、その実現には構造改革など時間をかけた取り組みが必要です。その努力を怠るべきでないことは言うまでもありませんが、その一歩手前の目標として、イタリアやベルギーを目指してはどうか、というのが私の提案です。

日本版賃金・物価スパイラル

イタリアやベルギーでは実質賃金の伸びがほぼゼロなのに名目賃金はそこそこ上がっています。ということは、（名目）賃金と物価がほぼ同率で上昇しています。このように賃金と物価が手を取りあって上がる状況を創り出すにはどうすればよいのでしょうか。答えは賃金・物価スパイラルにあります。

図5－6は、米欧で懸念されている賃金・物価スパイラル（図5－2）を日本版「賃金・物価スパイラル」バージョンにあらためたものです。

これが日本の現状に当てはまるのか見てみましょう。

右中央にある生活者のところからスタートすると、物価はこれまで凍りついていますし、これからも凍りついたままだろうと人々は予想しています。つまり、生計費はこれからも、そして今後も変わらないということです。生計費が変わらないのですから労働者が賃上げを要求する理由はどこにもありません。よって賃上げ要求はゼロ%です。次は企業の番です。賃上げ要求ゼロ%なので人件費は不変で、価格を引き上げる理由はどこにもありません。よって価格は前年どおりの据え置きです。一周まわってふたたび生活者はどうするかと言うと、物価は予想どおり上がっていないので、何ら新しいことはなく、前回と同様の判断を下すこととなります。このようにして、賃金と物価が凍りついたように動かない状況が毎年繰り返されるのです。

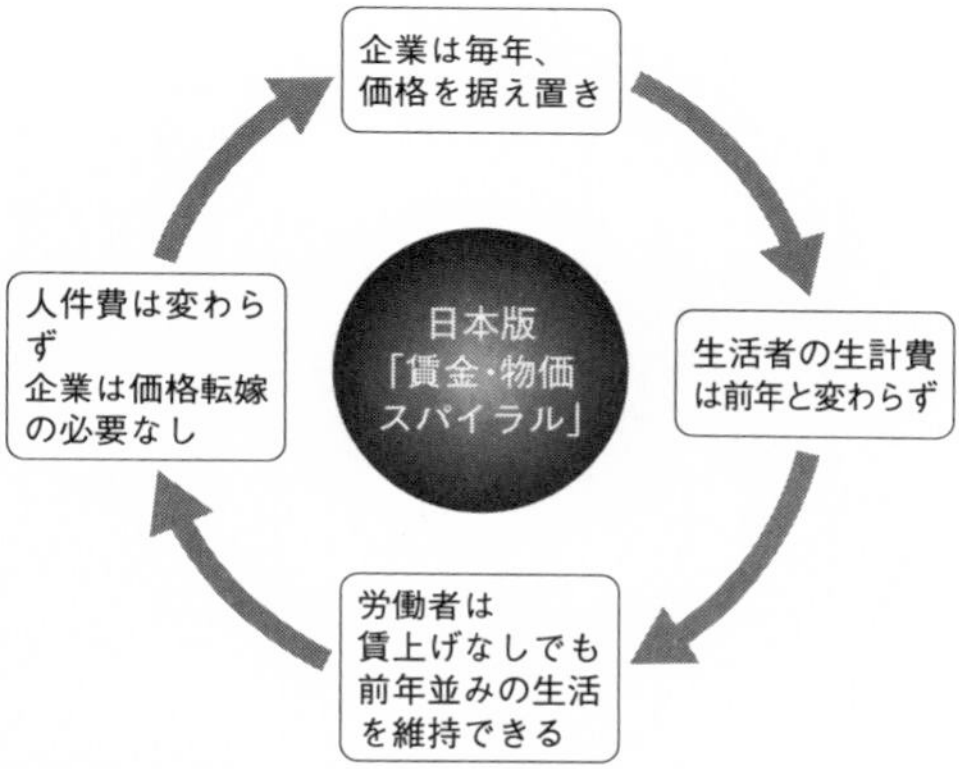

図5-6　日本版賃金・物価スパイラル

米欧で懸念されている賃金・物価スパイラルの重要な特徴は、インフレ予想が自己実現するということでした。その特徴は日本版にもあります。労働者が賃上げ要求をゼロ%にするのはインフレ率がゼロ%という予想があるからです。賃上げがゼロ%なので人件費も変化なし、だから企業の値上げもゼロ%です。このようにして、労働者のインフレの「予想」が労働者と企業の行動を通じて「実際」のインフレ率を決めます。この構造は本家のスパイラルと同じです。

また先ほど、本家のスパイラルが生じる条件として、①労働需給が逼迫していて労働者の交渉力が強い、②企業の価格決定力が強く人件費増を価格に転嫁できる、③ライバル企業も人件費増を価格に転嫁すると確信できる、以上の3つを挙げました。この3条件は、日本の文脈では次のように読み替えることができます。

まず、労働需給については、日本の経済再開が遅れていることもあり、労働需要が弱く、需給は緩んでいます。そのため労働者は強気の交渉をすることができません。次に、企業の価格転嫁については、第4章で見たように、足元変化の兆しがあるとはいえ、消費者の値上げ嫌いは依然根強く、企業が人件費の上昇を価格に転嫁できる状況にありません。最後に、ライバル企業との関係については、他社は抜け駆け的に価格転嫁しないという選択をするのではないかという疑念がなお根強く、これも企業に価格転嫁を躊躇させる要因となっています。以上3点のすべてにおいて、日本版スパイラルを形成し、維持する条件が整っています。

スパイラルへの処方箋：正統派vs.異端派

米欧で懸念されている賃金・物価スパイラルとよく似た（しかし方向は正反対の）現象が日本で起きているということをご理解いただけたでしょうか。これは、両者がよく似ていて知的に面白いという以上の意味を持ちます。ふたつのスパイラルが基本的に同じ構造をもつという理解に立つと、日本版スパイラルにどう対処すべきかという点についても、新たな視点を得ることができるのです。

本家のスパイラルについては、まずは金融引き締めによる需要冷却だと説明しました。これは正統派の処方箋です。しかし需要冷却は失業というコストをともないます。そしてインフレ率が非常に高い場合は、そのコストが大きすぎて、社会が耐えきれません。そうなると需要冷却は諦めざるを得ません。そうした場合に、次の手として考えられるのは、価格と賃金を直接制御するという方法です。これは異端派の処方箋ではありますが、アルゼンチン等の事例では、一定の効果を上げたことは事実です。

日本版のスパイラルもこれと同様に、まずは需要の制御（この場合は需要喚起）で対処するというのが正統派の対応です。そのためには利下げが必要です。この利下げは失業を減らすので、本家のスパイラルのときのように、失業が増えすぎて社会が耐えきれないという心配はありません。しかしこの正統派の処方箋にも限界があります。それは金利がゼロを超えて大きくマイナスには下がらないという制約です（165ページを参照）。その下限にいったん達してしまえば、金利を下げたくても下げられない、そのために需要喚起が十分にできないという事態におちいります。日本の金利は2000年ごろからゼロにはりついているので、まさにこの状況にあると言えます。

需要の制御に限界ありとなったときに、本家のスパイラルでは正統派を見限り、少々危険ながら、異端派の処方箋に向かわざるを得ませんでした。それでは、日本版のスパイラルについても、異端派の処方箋なるものが存在するのでしょうか。次にその点を見ていくことにしましょう。

「賃金解凍」は可能か？

本家のスパイラルに対する異端派の処方箋を復習しておきましょう。それは、労働者と企業に対して賃上げと値上げの停止を命ずるというものでした。英国のジョンソン首相（当時）が言及した「賃金凍結」は、そうした施策の典型例です。しかし日本版のスパイラルでは、価格と賃金は凍りついたように動かないのですから、価格も賃金もすでに「凍結」されているようなものです。ですから日本に必要なのは「凍結」ではなく、その反対の「解凍」です。第4章で紹介したように、価格については「解凍」の兆しが見えてきています。一方、賃金はまだ「凍結」状態です。ですから、賃金の「解凍」をいかにして実行するかが、日本版スパイラルに対する異端派の処方箋の鍵ということになります。

　賃金の「解凍」とは、具体的にどのような施策なのでしょうか。本家のスパイラルへの処方箋を日本版の文脈で読み替えると、「(日銀がインフレターゲティングの目標値として掲げる)2%のインフレが実現される」という予想を、すべての関係者に共有させ、それに基づく行動をとってもらうことです。具体的には、**図5-7**にあるように、まず、労働者・労組は、2%のインフレにともなう生計費の上昇を織り込んで賃上げ要望を提出します。次に、企業は、労働者等からの要望を受けて、人件費の増加分に対応する価格引き上げを実行します。これで2%のインフレが実現できます。

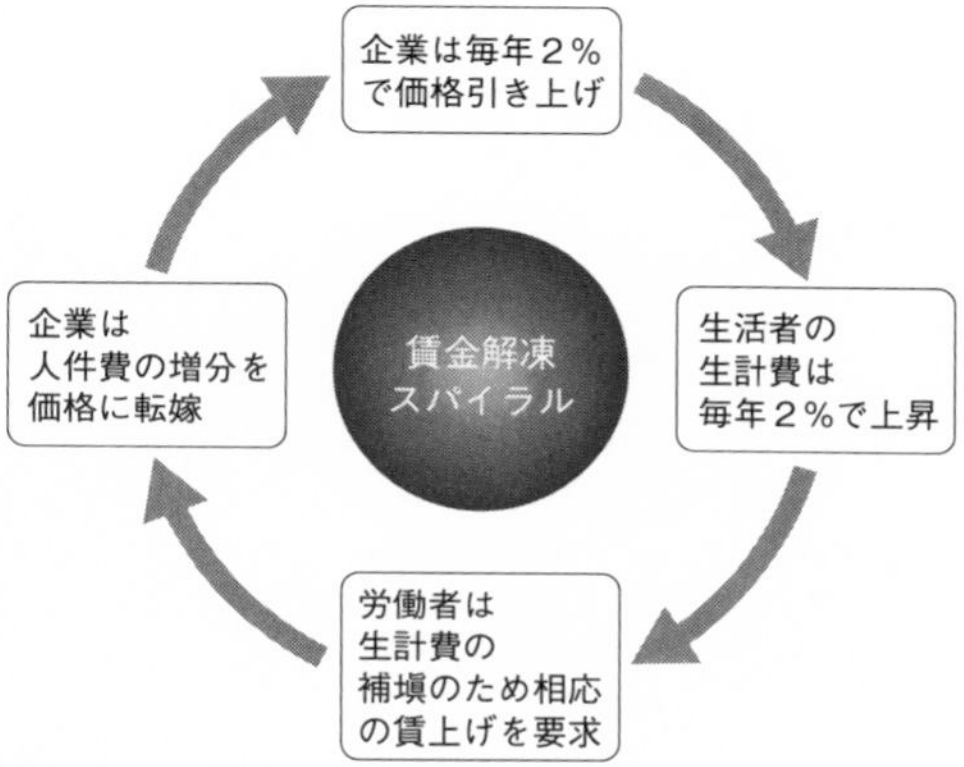
賃金解凍
スパイラル
企業は毎年2%
で価格引き上げ
生活者の
生計費は
毎年2%で上昇
労働者は
生計費の
補填のため相応
の賃上げを要求
企業は
人件費の増分を
価格に転嫁

図5-7　賃金解凍スパイラル

　この一連の過程でもっとも難しいのは、「2%のインフレ」を関係者に共有し、それと整合的な行動をとらせるところです。これは本家のスパイラルでもそうでした。たとえば、労働者が2％のインフレに見合う賃上げを要求しないとすれば（賃金はこれまでどおり据え置き）、企業は2％の価格引き上げを行うのをためらいます。消費者の懐が厳しいので、値上げを言い出した途端に顧客を失ってしまうからです。その反対に、企業が2％の価格引き上げを行わないとすれば、企業はこれまでどおり価格を据え置き、労働者は2％の賃上げ要求をためらいます。賃上げ要求を出しても企業が収益悪化を覚悟でそれをのむとは思えないし、執拗に賃上げを要求すれば雇用の維持が危うくなるからです。

反時計回りのスパイラル

どうすれば関係者全員の行動を「2％のインフレ」に合致させることができるでしょうか。本家のスパイラルに倣えば、ここは政府の出番です。すべての労働者と経営者に対して、「2％のインフレ」を周知徹底し、それと整合的な行動をとるよう働きかけるのです。

いまから振り返ると、異次元緩和の初期のころはこれと似た政策がとられていました。日銀は2％のインフレ目標を高く掲げ、企業に対して価格引き上げを強く促しました。一方、政府は、官製春闘や最低賃金の引き上げなど、労働者と経営者に対して賃金の引き上げを働きかけました。

たしかに、こうした日銀と政府の行動は、賃金解凍に向けた異端派の施策とよく似ているのですが、実は重要な違いがありました。それはスパイラルが回転する向きです。どういうことかというと、図5－7の矢印は時計回りになっています。つまり、労働者が賃上げ要求を行うと、次は企業がそれにともなう人件費の増加分を製品価格に転嫁する、その次に今度は生活者が生活コストの上昇分を賃金要求に反映させる……というように、「自分の順番のひとつ前のところで発生したコスト増を自分の価格に転嫁する」ということが行われています。

企業の価格転嫁については説明は不要でしょう。労働者についてはは少しわかりにくいですが、以下のようになります。生計費が上昇するということは、労働という労働者にとっての「売り物」を生産する際のコストが上昇したと見ることができます。そして、労働という売り物の価格、すなわち賃金にそのコスト上昇分を転嫁させているのです。このように、企業と労働者がそれぞれコストを転嫁するという因果を矢印で表すと必然的に時計回りになるのです。

ところが、異次元緩和の初期の頃の政策を図5－7に即して整理すると、時計回りではなく反時計回りだったことがわかります。図5－7の左中央にあるハコでは、企業が「2%のインフレ」に見合うような値上げを行うのですが、時計回りの場合は、その理由は企業にとってのコストである人件費が上がったからです。これに対して、反時計回りの場合は、なぜ企業が値上げするのかはとりあえず不問に付して、値上げが労働者にどのような影響を及ぼすかのほうに注目します。そこで想定されているのは、「値上げによって企業の収益に余剰が生まれたので賃上げというかたちでそれを労働者に還元する」という仕掛けです。つまり、値上げが賃上げを引き起こすということなので、図5-7で言えば、左中央のハコからいちばん下のハコへと反時計回りに移動しています。この動きは、値上げで生まれた余剰が労働者に滴り落ちる（英語で言うとtrickle down）ようにも見えるので、当時はトリクルダウン理論と呼ばれていました。

反時計回りを完成させるには、賃上げが価格引き上げを引き起こす仕掛けも必要です。ここは、実際にそのような議論がされたわけではありませんが、あえて言えば、「労働者は賃上げで十分潤ったので、少々価格が高くても気にせず支払い、それによって企業に還元する」ということになるでしょうか。つまり、企業も労働者も自分の懐が十分潤ったのでそれを相手に還元するということです。この「還元」が反時計回りの回転を生み出す原動力です。

逆回転を起こしたいと考えるのは誰か

コストの転嫁で起きる時計回りか、それとも利益の還元で起きる反時計回りかは、大差ないように見えるかもしれません。しかし重大な差があります。それは、その回転を起こしたいと企業と労働者が考えるか否かです。時計回りの場合は、企業は人件費の上昇を価格に転嫁したいと考えます。それをしなければ自分の収益が減ってしまうからです。労働者も生計費の上昇を賃上げというかたちで転嫁したいと考えます。それをしなければ生活が成り立たないからです。

これに対して、反時計回りの場合は企業も労働者もその回転を起こしたいと考えているわけではありません。企業は値上げで得た利益を労働者に還元すると想定されていますが、本当にそうしたいですかと個々の企業に聞けばＮＯという答えが返ってくるはずです。同様に、労働者は賃上げで得た利益を企業に還元すると想定されていますが、ここも労働者が自ら進んでそうした行動をとる理由はどこにもありません。

このように、労働者も企業も逆回転させようと思わないのであれば、反時計回りというのは絵に描いた餅にすぎなくなってしまいます。しかし、経済再生には、賃金と物価の好循環を取り戻すことが不可欠で、それには何としても反時計回りの回転を起こさねばならない。当時の政府・日銀関係者はそう考えたのかもしれません。そこで、政府・日銀自らが、回転を起動する役割を買って出たのです。たとえば、当時の政府は、積み上がった内部留保を賃金にまわすようにと、企業に対して熱心に働きかけを行いました。これは反時計回りの回転を起こそうとした試みであると見ることができます。

時計回りと反時計回りの違いがもっともはっきり見えるのは、賃上げの原資がどこから来るかを考えるときです。時計回りの場合は、賃上げの原資は価格転嫁から来ています。企業が賃上げを受け入れるのは人件費の増加分を価格に転嫁でき、そこで賃上げの原資を確保できると考えるからです。これに対して反時計回りの場合は、賃上げの原資は企業利益の余剰分です。「余剰」なのでそれを労働者に渡しても経営に支障はない、それゆえ賃上げというかたちで還元すると想定されています。反時計回りの理屈がかなり無理のある話ということは誰の目にも明らかだと思います。

「賃金解凍」の実現に向けた3つの条件

ここまでのところで、日本は特有の賃金・物価スパイラルにおちいっていること、正統派の処方箋は限界があるが異端派の処方箋には可能性が残っていること、異端派の処方箋はこれまで日本で採られてきた施策と発想が大きく異なることを説明しました。それらを踏まえて、「賃金解凍」を実現するには何が鍵になるかを考えてみましょう。

第1の鍵は、物価は上がるという予想が人々のあいだで共有され、生活を守るための賃上げ要求は正当であるという理解が社会に広まるか否かです。インフレ予想の引き上げが賃金解凍の肝であることはこれまで述べたとおりです。しかしながら、日本ではこれまで物価は不変との予想が根強かったため、賃上げが正当だとは認識されていなかったように思われます。物価が上がらないのだから賃金も据え置きで仕方ないという理解が一般的だったと言えるでしょう。しかし前章で見たように、2022年に入って海外からインフレが流入したことを契機にインフレ予想が変化しています。こうした中、賃上げを求める声も徐々に増えてきました。状況は改善の方向にあります。

第2の鍵は、「賃上げにともなう人件費の増加分を価格に転嫁できる」と企業が考えるか否かです。賃上げの原資は価格転嫁である、そのことを企業に理解してもらう必要があります。それには、さまざまな業種のさまざまな企業で働く労働者等から、一斉に賃上げ要望が出るような工夫が必要です。ここは、政府の役割が大きいと言えます。

仮に一斉ではなく、賃上げ要望が一部の企業にとどまるとすると、どうなるでしょうか。その要望を受けた企業は、要望のなかったライバル企業は価格を上げないと予想するので、ライバルに顧客を奪われることを懸念して、人件費の増加分の価格への転嫁を躊躇ってしまいます。転嫁ができないとなれば、賃上げ要望があっても、企業は賃上げに同意できません。

第3の鍵は、労働需給の逼迫が日本でも起こるか否かです。賃金解凍がいったん始まってしまえば、物価が毎年安定的に上昇し、それに見合って賃金も上がるというのが世の中では当たり前のことになります。しかし、そういう「当たり前」の確立は一筋縄ではいきません。ジャンプスタートのようなものが必要で、それは労働需給の逼迫です。

ここで重要になるのは、経済再開が今後本格化すると見込まれる中で、労働需給がどこまで引き締まるかです。日本は感染対策に重きを置いてきた結果、経済再開が米欧に比べて遅れています。しかし今後、経済再開が本格化するのは間違いなく、それにともなって労働需要の増加も見込まれます。実際、飲食の一部などでは人手不足がすでに深刻化しているとの指摘もあります。一方、労働供給については、なお不確実で、先行きが見通せません。労働供給の今後を考える際のポイントは、米国や英国で見られるような「ロング・ソーシャル・ディスタンシング」が、日本でも広がるかどうかです。

行動変容は日本の労働需給を変えるか？

米国の「ロング・ソーシャル・ディスタンシング」については、シカゴ大学のチームの分析結果を第3章で紹介しました。私の研究室では日本の人々を対象に同種の調査を行って

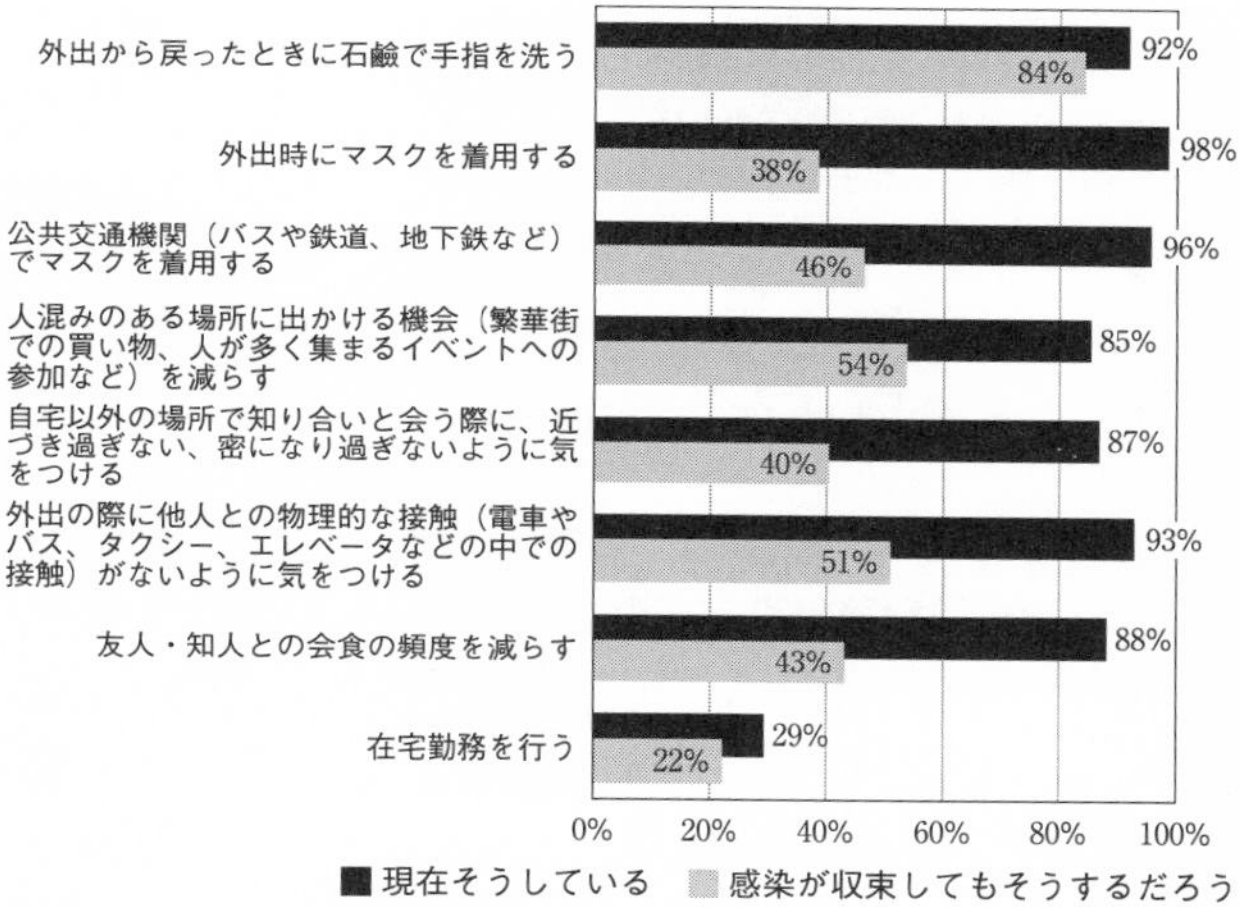

図5-8　パンデミック下の行動変容

います。その一部をご紹介しましょう。

図5－8は、パンデミック下で見られるようになったさまざまな習慣（たとえば、外出から戻ったときに石鹸で手指を洗う、外出時にマスクを着用する、など）が、今後もどの程度残ると思うかを尋ねた結果です。多くの項目について8割以上の回答者がそうした習慣が現在身についていると答えています。ここで注目すべきは、今後どうするつもりかです。「感染が収束してもそうするか」と尋ねたところ、多くの項目について、回答者の4割以上が継続すると答えています。地下鉄の車内で「もう少し、広く使いませんか」と呼びかけた女性のエピソードを第3章の冒頭で紹介しましたが、その女性と同様

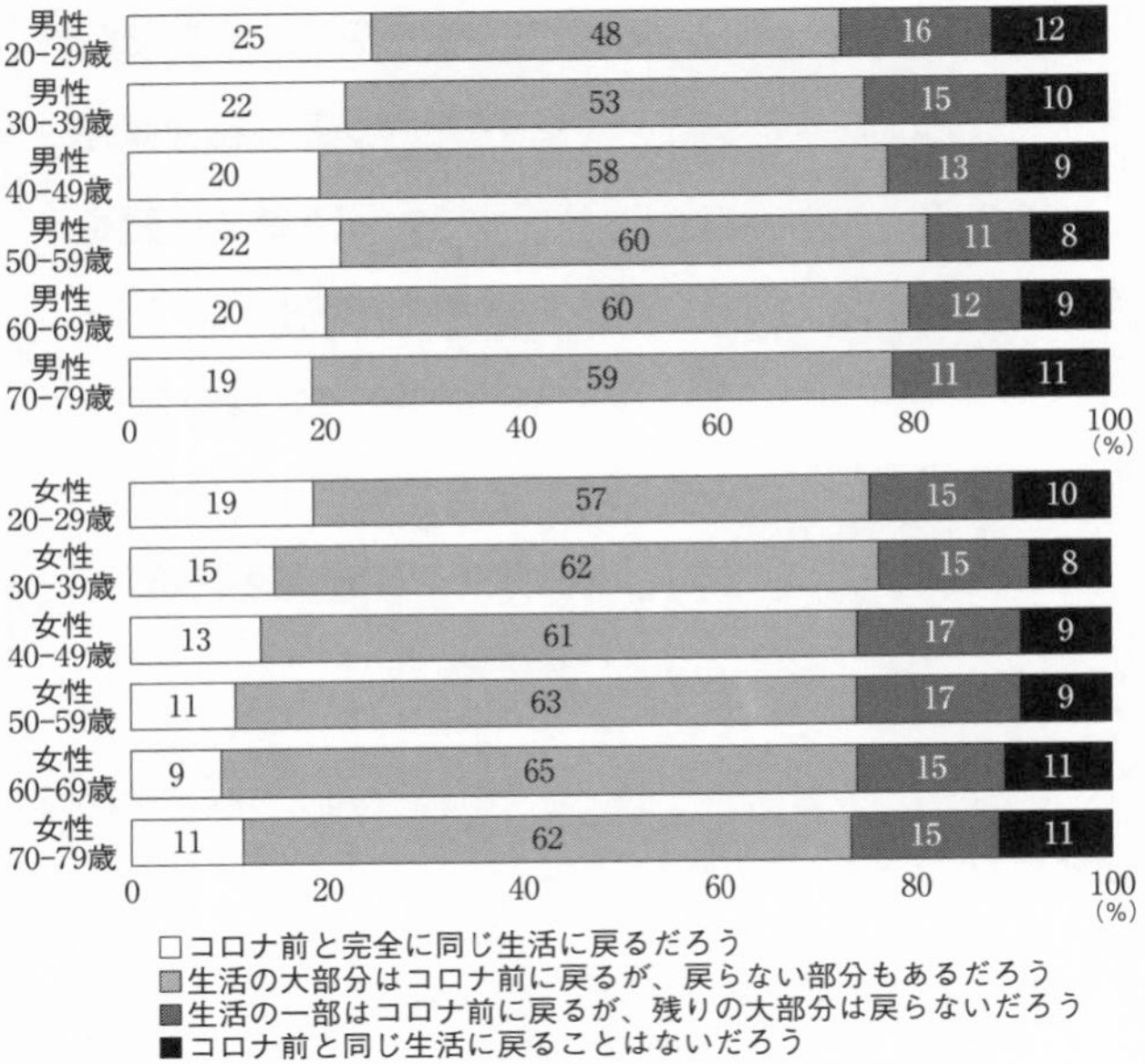

図5-9　新型コロナウイルスの感染が収まったときの行動

に、「他者との距離」に対する感覚がパンデミックを機に大きく変わった人が少なくないことを示しています。

この調査では、もう少し直接的に、「コロナ前と同じ生活に戻りますか」という質問もしています（図5－9）。「コロナ前と完全に同じ生活に戻るだろう」と答えた人は、男性で20％台、女性で10％台と低い割合です。年齢性別によって多少の差はあるものの、多くの人たちが、自分の生活の一部または大部分は、コロナ前には戻らないと予想しています。第3章で紹介した米国の結果とは質問の仕方などが異なるので直接の比較はできません。ですが、「コロナ前に戻らない」の割合は米国人と同じ、もしかするとそれ以上だと言えそうです。

これらの結果を踏まえると、「ロング・ソーシャル・ディスタンシング」は日本でもかなりの広がりを見せるのではないかと考えられます。ただし、そのことが労働供給の減少に直結するかどうかは依然として不確かです。

米国と日本の企業のコロナ対応の重要な違いとしてしばしば指摘されるのは、米国企業はパンデミックの最中に労働者の解雇やレイオフを行い、労働者との関係をいったん断ったのに対して、日本は政府による補助金（雇用調整助成金など）の効果もあって、雇用関係を切るという事態にはならなかったという点です。この点を重視するとすれば、日本で経済再開が本格化しても、米国のように労働者の手当が難しくなることはないとなります。また、そもそもの問題として、日本企業の多くはパンデミック前から余剰人員を抱えており、人手不足とは縁遠いとの指摘もあります。

以上のことを踏まえると、日本の今後の労働供給がどのように動くかについて、執筆時点で確たることを述べることはできません。しかし、日本において賃金解凍がなされ、「日本版賃金・物価スパイラル」が解消されるか否かは、今後の私たちにとって大きな分かれ道であることは、間違いのないことだと私は考えています。

＊

本書ではここまで、２０２０年から世界経済が経験してきた大変動の原因について考えてきました。世界インフレは、新型コロナウイルスの出現そのものではなく、その出現に対して人類が社会的・経済的な行動を変化させたことによってもたらされたことを、ここまでお読みになった方にはおわかりいただけたと思います。

その行動変容は、誰かから強要されたものではありません。唐突にはじまったパンデミックによる巣ごもりという暮らしの中で、私たち一人ひとりが、これまでの働き方でよかったのか、もっと自分に合った働き方があるのではないか、そもそも自分はどのような生活を楽しみたいのかなどとあらためて自らに問い、その結果として選択したものです。ですから、行動を変えること自体を否定したり、止めようとしたりすべきではありません。むしろ、行動変容を手掛かりとして、私たちの社会と経済をよりよいものに変えていく、そうした変革の原動力として活用すべきです。それはとりわけ日本にとって、慢性デフレからの脱却の契機になりうると私は考えています。

本書で提示した見方が、世界と日本の変革を考えるヒントになることを願っています。

Central Banks on a Difficult Journey." International Monetary Fund, August 2022.
[2] Ascari, Guido, Jacopo Bonchi. "(Dis) Solving the Zero Lower Bound Equilibrium Through Income Policy." Journal of Money, Credit and Banking, 54(2-3), 519-535, December 2021.
[3] Blanchard, Olivier J. "The Wage Price Spiral." The Quarterly Journal of Economics, 101(3), 543-565, August 1986.
[4] Boissay, F., F. De Fiore, D. Igan, A. P. Tejada, and D. Rees. "Are Major Advanced Economies on the Verge of a Wage-price Spiral?" BIS Bulletin, 53, May 2022.
[5] Bordo, Michael, Oliver Bush, and Ryland Thomas. "Muddling Through or Tunnelling Through? UK Monetary and Fiscal Exceptionalism during the Great Inflation." Federal Reserve Bank of Atlanta, May 2022.
[6] Bruno, Michael. Crisis, Stabilization, and Economic Reform: Therapy by Consensus. Clarendon Lectures in Economics, Clarendon Press, 1993.
[7] Bruno, M., G. Di Tella, R. Dornbusch, and S. Fischer (eds.). Inflation Stabilization: The Experience of Israel, Argentina, Brazil, Bolivia, and Mexico. MIT Press, 1988.
[8] Da Silva, Luiz A. Pereira, Benoît Mojon. "Exiting Low Inflation Traps by "Consensus": Nominal Wages and Price Stability." Based on the Keynote Speech at the Eighth High-level Policy Dialogue between the Eurosystem and Latin American Central Banks, Cartagena de Indias, Colombia, 28-29, November 2019.
[9] Dornbusch, R., F. Sturzenegger, and H. Wolf. "Extreme Inflation: Dynamics and Stabilization." Brookings Papers on Economic Activity, 2, 1-84, 1990.
[10] Dornbusch, Rudiger, Mario Henrique Simonsen. "Inflation Stabilization with Incomes Policy Support: A Review of the Experience in Argentina, Brazil, and Israel." Group of Thirty, 1987.
[11] Furman, Jason. "America's Wage-price Persistence Must Be Stopped." Project Syndicate, August 2, 2022.
[12] Higgins, Pat. "Introducing the Atlanta Fed's Taylor Rule Utility." Federal Reserve Bank of Atlanta, September 8, 2016.
[13] Reis, Ricardo. "Losing the Inflation Anchor." Brookings Papers on Economic Activity 2021(2), 307-379, 2022.

Influenza Pandemic? A View through High-frequency Data." The Journal of Economic History, 82(1), 284-326, February 2022.
[47] Wei, Shang-Jin, Tao Wang. "The Inflationary Consequences of Deglobalization." Project Syndicate, July 13, 2022.
[48] Yellen, Janet L. "Special Address on the Future of the Global Economy and US Economic Leadership." Atlantic Council, April 13, 2022.

第4章

[1] 黒田東彦「金融政策の考え方―「物価安定の目標」の持続的・安定的な実現に向けて―」、きさらぎ会における講演、2022年6月6日
[2] 渡辺努「「慢性デフレ」「急性インフレ」の二つの日本病を解決する道筋」、『金融財政事情』、2022年6月28日号
[3] 渡辺努「慢性デフレと急性インフレの行方」、『金融ジャーナル』、2022年6月号
[4] 渡辺努「狂乱物価「悪夢のシナリオ」」、『文藝春秋』、2022年6月号
[5] 渡辺努「5か国の家計を対象としたインフレ予想調査」(2022年5月実施分)、2022年5月30日
[6] 渡辺努「米インフレと金融政策(下) 労働供給減、日本にもリスク」、日本経済新聞『経済教室』、2022年2月7日
[7] Aoki, Kosuke, Hibiki Ichiue, and Okuda. "Consumers' Price Beliefs, Central Bank Communication, and Inflation Dynamics." Bank of Japan Working Paper Series No.19-E-14, September 2019.
[8] Diamond, Jess, Kota Watanabe, and Tsutomu Watanabe. "The Formation of Consumer Inflation Expectations: New Evidence from Japan's Deflation Experience." International Economic Review, 61(1), 241-281, February 2020.
[9] Ueda, Kozo, Kota Watanabe, and Tsutomu Watanabe. "Product Turnover and the Cost of Living Index: Quality vs. Fashion Effects." American Economic Journal: Macroeconomics, 11(2), 310-347, April 2019.
[10] Watanabe, Kota, Tsutomu Watanabe. "Why Has Japan Failed to Escape from Deflation?" Asian Economic Policy Review, 13(1), 23-41, January 2018.
[11] The Economist. "Why Is Inflation Relatively Low in Some Places?" June 20, 2022.
[12] International Monetary Fund. World Economic Outlook, April 2022.
[13] International Monetary Fund. World Economic Outlook, July 2022.

コラム

[1] 中藤玲『安いニッポン 「価格」が示す停滞』、日本経済新聞出版、2021年
[2] 玄田有史・萩原牧子編『仕事から見た「2020年」 結局、働き方は変わらなかったのか?』、慶應義塾大学出版会、2022年
[3] Ito, Takatoshi. "Why is Japan So Cheap?" Project Syndicate, March 3, 2022.

第5章

[1] Adrian, Tobias, Christopher Erceg, and Fabio Natalucci. "Soaring Inflation Puts

[29] Gagnon, Joseph E. "Why US Inflation Surged in 2021 and What the Fed Should Do to Control It." PIIE, March 11, 2022.
[30] Gopinath, Gita. "How Will the Pandemic and War Shape Future Monetary Policy?" Jackson Hole Economic Symposium, August 26, 2022.
[31] Groen, Jan J.J., Menno Middeldorp. "Creating a History of U.S. Inflation Expectations." Liberty Street Economics, Federal Reserve Bank of New York, August 21, 2013.
[32] Guerrieri, V., G. Lorenzoni, L. Straub, and I. Werning. "Monetary Policy in Times of Structural Reallocation." Jackson Hole Economic Policy Symposium, August 2021.
[33] Ha, Jongrim, M. Ayhan Kose, and Franziska Ohnsorge. "Today's Inflation and the Great Inflation of the 1970s: Similarities and Differences." VoxEU.org, March 30, 2022.
[34] Jordà, Òscar, Sanjay R. Singh, and Alan M. Taylor. "Longer-run Economic Consequences of Pandemics." The Review of Economics and Statistics, 104(1), 166-175, January 2022.
[35] Karlsson, Martin, Therese Nilsson, and Stefan Pichler. "The Impact of the 1918 Spanish Flu Epidemic on Economic Performance in Sweden: An Investigation into the Consequences of an Extraordinary Mortality Shock." Journal of Health Economics, 36, 1-19, July 2014.
[36] Kornprobst, Markus, T. V. Paul. "Globalization, Deglobalization and the Liberal International Order." International Affairs, 97(5), 1305-1316, September 2021.
[37] Nelson, Edward. "How Did It Happen?: The Great Inflation of the 1970s and Lessons for Today." Finance and Economics Discussion Series, 2022-037, June 2022.
[38] Office for National Statistics. "Public Opinions and Social Trends." Great Britain: 6 to 17 July 2022.
[39] Rees, Daniel, Phurichai Rungcharoenkitkul. "Bottlenecks: Causes and Macroeconomic Implications." BIS Bulletin, 48, November 2021.
[40] Rogoff, Kenneth. "The Long-lasting Economic Shock of War." Finance and Development, International Monetary Fund, March 2022.
[41] Rogoff, Kenneth. "A Coronavirus Recession Could Be Supply-side with a 1970s Flavour." Project Syndicate, March 3, 2020.
[42] Rogoff, Kenneth. "Globalization and Global Disinflation." Monetary Policy and Uncertainty: Adapting to a Changing Economy, Federal Reserve Bank of Kansas City, 77-112, 2004.
[43] Smith, Noah. Interview: Emi Nakamura, Macroeconomist. February 21, 2022.
[44] Stiglitz, Joseph E., Dean Baker. "Inflation Dos and Don'ts." Project Syndicate, July 8, 2022.
[45] University College London. "Covid-19 Social Study. Results Release 44." April 7, 2022.
[46] Velde, François R. "What Happened to the U.S. Economy during the 1918

Developments and Supply Disruptions." ECB Forum on Central Banking, June 2022.

[13] Borio, C., P. Disyatat, D. Xia, and E. Zakrajšek. "Inflation, Relative Prices and Monetary Policy: Flexibility Born out of Success." BIS Quarterly Review, September 2021, 15-29.

[14] Brinca, Pedro, Joao B. Duarte, and Miguel Faria-e-Castro. "Measuring Labor Supply and Demand Shocks during COVID-19." European Economic Review, 139, 103901, October 2021.

[15] Carstens, Agustín. "The Return of Inflation." Speech by Agustín Carstens, General Manager, Bank for International Settlements, April 5, 2022.

[16] Carstens, Agustín. "A Story of Tailwinds and Headwind Supply and Macroeconomic Stabilization." Speech by Agustín Carstens, General Manager, Bank for International Settlements. Jackson Hole Economic Symposium, August 26, 2022.

[17] Cecchetti, Stephen. "Stagflation: A Primer." Money, Banking and Financial Markets, October 18, 2021.

[18] Celasun, O., N. J. Hansen, A. Mineshima, M.Spector, and J. Zhou. "Supply Bottlenecks: Where, Why, How Much, and What Next?" IMF Working Paper No. 2022/031, February 2022.

[19] Cochrane, John H. "Fiscal Inflation," In Populism and the Fed. James Dorn Ed., 119-130, Cato Institute, 2022.

[20] Crump, R. K., S. Eusepi, M. Giannoni, and A. Şahin, "The Unemployment-Inflation Trade-Off Revisited: The Phillips curve in COVID times." National Bureau of Economic Research. No. w29785. February 2021.

[21] Davis, Steven J. "The Big Shift to Remote Work." 69th Annual Chicago Booth Management Conference, May 6, 2022.

[22] Di Giovanni, J., S. Kalemli-Özcan, A. Silva, and M. A. Yıldırım. "Global Supply Chain Pressures, International Trade, and Inflation." National Bereau of Economic Ressarch, No. w30240, July 2022.

[23] Eichengreen, Barry. "America's Not-So-Great Inflation." Project Syndicate, February 10, 2022.

[24] Eichengreen, Barry. "European Inflation in an American Mirror." Intereconomics: Review of European Economic Policy, 57(2), 76-78, 2022.

[25] Ferrante, F., S. Graves, and M. Iacoviello. "The Inflationary Effects of Sectoral Reallocation." Federal Reserve Board, May 2022.

[26] Forbes, Kristin, Joseph Gagnon, and Christopher G. Collins. "Low Inflation Bends the Phillips Curve around the World." National Bureau of Economic Research, No. w29323, October 2021.

[27] Fornaro, L., F. Romei. "Monetary Policy during Unbalanced Global Recoveries." CEPR Discussion Paper No. 16971, January 2022.

[28] Furman, Jason. "Why Did (Almost) No One See the Inflation Coming?" Intereconomics: Review of European Economic Policy, 57(2), 79-86, 2022.

Retirements?" kcFED Economic Bulletin, Federal Reserve Bank of Kansas City, August 11, 2021.
[15] Sheridan, A., A. L. Andersen, E. T. Hansen, and N. Johannesen. "Social Distancing Laws Cause Only Small Losses of Economic Activity during the COVID-19 Pandemic in Scandinavia." Proceedings of the National Academy of Sciences, 117(34), 20468-20473, August 2020.
[16] Tüzemen, Didem. "How Many Workers Are Truly "Missing" from the Labor Force?" kcFED Economic Bulletin, Federal Reserve Bank of Kansas City, May 6, 2022.
[17] Watanabe, Tsutomu. "The Responses of Consumption and Prices in Japan to the COVID-19 Crisis and the Tohoku Earthquake." VoxEU. CEPR. April 2020.
[18] Watanabe, Tsutomu, Tomoyoshi Yabu. "Japan's Voluntary Lockdown: Further Evidence Based on Age-specific Mobile Location Data." The Japanese Economic Review, 72(3), 333-370, June 2021.
[19] Watanabe, Tsutomu, Tomoyoshi Yabu. "Japan's Voluntary Lockdown." PLoS ONE 16(6): e0252468, June 10, 2021.

第3章

[1] 黒田東彦「日本における物価変動と金融政策の役割」、コロンビア大学における講演、2022年4月22日
[2] 小宮隆太郎「昭和四十八、九年インフレーションの原因」、『現代日本経済：マクロ的展開と国際経済関係』、東京大学出版会、1988年
[3] 渡辺努「グローバル・インフレの原因はパンデミックの「後遺症」」、『月刊資本市場』、2022年8月号
[4] 渡辺努「グローバルインフレの原因と先行き」、『Voice』、2022年8月号
[5] 渡辺努「インフレどう防ぐ　新たな物価理論を武器に解明」（インタビュー記事）日経新聞電子版、2022年7月3日
[6] Agarwal, Ruchir, Miles Kimball. "The Future of Inflation Part I: Will Inflation Remain High?" Finance & Development 59.002, International Monetary Fund, April 6, 2022.
[7] Antràs, Pol. "De-Globalisation? Global Value Chains in the Post-COVID-19 Age." National Bureau of Economic Research, No. w28115, November 2020.
[8] Barrero, Jose Maria, Nicholas Bloom, and Steven J. Davis. "Why Working from Home Will Stick." National Bureau of Economic Research, No. w28731, April 2021.
[9] Barrero, Jose Maria, Nicholas Bloom, and Steven J. Davis. "Long Social Distancing." April 15, 2022.
[10] Barrero, Jose Maria, Nicholas Bloom, and Steven J. Davis. "COVID-19 Is Also a Reallocation Shock." Brookings Papers on Economic Activity, Summer 2020, 329-383, Brookings Institution Press, 2020.
[11] Bank for International Settlements, Annual Economic Reports. June 2022.
[12] Bjørnland, Hilde C. "The Effect of Rising Energy Prices Amid Geopolitical

参考文献

第1章

[1] Bootle, Roger. The Death of Inflation: Surviving and Thriving in the Zero Era. Nicholas Brealey Publishing, 1997.

[2] Caldara, Dario, Sarah Conlisk, Matteo Iacoviello, and Maddie Penn. "The Effect of the War in Ukraine on Global Activity and Inflation." FEDS Notes, May 27, 2022.

[3] Sargent, Thomas J. The Conquest of American Inflation. Princeton University Press, 2001.

第2章

[1] 渡辺努『物価とは何か』、講談社、2022年

[2] 渡辺努「コロナ危機と行動変容」、『季刊 個人金融』、2021年春号

[3] 渡辺努「需要と民間がコロナ経済危機の「犯人」」、『Voice』、2021年4月号

[4] 渡辺努「コロナ危機と物価動向(上)下振れ傾向、回復には時間」、日本経済新聞『経済教室』、2021年3月9日

[5] 渡辺努「危機後の金融政策の枠組み(上)対面型産業の物価注視を」、日本経済新聞『経済教室』、2020年6月29日

[6] 渡辺努「コロナショックで物価は上がるか下がるか」、『週刊東洋経済』、2020年5月2日号

[7] 渡辺努「巣ごもり〈消費パニック〉「勝ち組」「負け組」」、『文藝春秋』、2020年5月号

[8] Barro, Robert J., José F. Ursúa, and Joanna Weng. "The Coronavirus and the Great Influenza Pandemic: Lessons from the "Spanish Flu" for the Coronavirus's Potential Effects on Mortality and Economic Activity." National Bureau of Economic Research, No. w26866, April 2020.

[9] Duval, Romain, Yi Ji, Longji Li, Myrto Oikonomou, Carlo Pizzinelli, Ippei Shibata, Alessandra Sozzi, and Marina M. Tavares. "Labor Market Tightness in Advanced Economies." IMF Staff Discussion Notes, March 31, 2022.

[10] Faberman, R. Jason, Andreas I. Mueller, and Ayşegül Şahin. "Has the Willingness to Work Fallen during the Covid Pandemic?" National Bureau of Economic Research, No. w29784, February 2022.

[11] Faria-e-Castro, Miguel. "The COVID Retirement Boom." Economic Synopses, Federal Reserve Bank of St. Louis, October 15, 2021.

[12] Goolsbee, Austan, Chad Syverson. "Fear, Lockdown, and Diversion: Comparing Drivers of Pandemic Economic Decline 2020." Journal of Public Economics 193, 104311, January 2021.

[13] Mizuno, Takayuki, Takaaki Ohnishi, and Tsutomu Watanabe. "Visualizing Social and Behavior Change due to the Outbreak of COVID-19 Using Mobile Phone Location Data." New Generation Computing, 39, 453-468, November 2021.

[14] Nie, Jun, Shu-Kuei X. Yang. "What Has Driven the Recent Increase in

図表出典一覧

図2-1 Barro, Robert J., José F. Ursúa, and Joanna Weng. "The Coronavirus and the Great Influenza Pandemic: Lessons from the "Spanish Flu" for the Coronavirus's Potential Effects on Mortality and Economic Activity." National Bureau of Economic Research, No. w26866, April 2020.

表2-1 渡辺努「コロナ危機と物価動向（上）下振れ傾向、回復には時間」、日本経済新聞『経済教室』、2021年3月9日

図3-1 朝日新聞、2022年7月12日夕刊（朝日新聞フォトアーカイブ）

図3-2左図 Groen, Jan J. J., Menno Middeldorp. "Creating a History of U.S. Inflation Expectations." Liberty Street Economics, Federal Reserve Bank of New York, August 21, 2013.

図3-9 Barrero, Jose Maria, Nicholas Bloom, and Steven J. Davis. "Long Social Distancing." April 15, 2022.

図3-10 Jordà, Òscar, Sanjay R. Singh, and Alan M. Taylor. "Longer-run Economic Consequences of Pandemics." Review of Economics and Statistics, 104(1), 166-175, January 2022.

図4-8 New York Times, May 19, 2016.

図5-1 Higgins, Pat. "Introducing the Atlanta Fed's Taylor Rule Utility." Federal Reserve Bank of Atlanta. September 8, 2016.

本書の図表で使用したデータの出所は以下でご覧になれます。
https://www.centralbank.e.u-tokyo.ac.jp/wp-content/uploads/2022/09/nazo-reference.pdf

講談社現代新書　2679

世《せ》界《かい》インフレの謎《なぞ》

二〇二二年一〇月二〇日第一刷発行　二〇二二年一一月四日第二刷発行

著　者　渡辺《わたなべ》　努《つとむ》

発行者　鈴木章一
発行所　株式会社講談社
東京都文京区音羽二丁目一二―二一　郵便番号一一二―八〇〇一
電　話　〇三―五三九五―三五二一　編集（現代新書）
〇三―五三九五―四四一五　販売
〇三―五三九五―三六一五　業務
装幀者　中島英樹／中島デザイン
印刷所　株式会社ＫＰＳプロダクツ
製本所　株式会社国宝社
定価はカバーに表示してあります　Printed in Japan

N.D.C. 330　269p　18cm
ISBN978-4-06-529438-3

「講談社現代新書」の刊行にあたって

教養は万人が身をもって養い創造すべきものであって、一部の専門家の占有物として、ただ一方的に人々の手もとに配布され伝達されうるものではありません。

しかし、不幸にしてわが国の現状では、教養の重要な養いとなるべき書物は、ほとんど講壇からの天下りや単なる解説に終始し、知識技術を真剣に希求する青少年・学生・一般民衆の根本的な疑問や興味は、けっして十分に答えられ、解きほぐされ、手引きされることがありません。万人の内奥から発した真正の教養への芽ばえが、こうして放置され、むなしく滅びさる運命にゆだねられているのです。

このことは、中・高校だけで教育をおわる人々の成長をはばんでいるだけでなく、大学に進んだり、インテリと目されたりする人々の精神力の健康さえもむしばみ、わが国の文化の実質をまことに脆弱なものにしています。単なる博識以上の根強い思索力・判断力、および確かな技術にささえられた教養を必要とする日本の将来にとって、これは真剣に憂慮されなければならない事態であるといわなければなりません。

わたしたちの「講談社現代新書」は、この事態の克服を意図して計画されたものです。これによってわたしたちは、講壇からの天下りでもなく、単なる解説書でもない、もっぱら万人の魂に生ずる初発的かつ根本的な問題をとらえ、掘り起こし、手引きし、しかも最新の知識への展望を万人に確立させる書物を、新しく世の中に送り出したいと念願しています。

わたしたちは、創業以来民衆を対象とする啓蒙の仕事に専心してきた講談社にとって、これこそもっともふさわしい課題であり、伝統ある出版社としての義務でもあると考えているのです。

一九六四年四月　野間省一